Conversation
with God

Συνομιλία
με το Θείον

CONTRIBUTORS TO THE CATALOGUE

General editor
EVANGELIA KYPRAIOU

Translation
ALEX DOUMAS
DAVID HARDY (Introduction)

Text editing
MARIA KAZAKOU

Proof-reading
VICKY THEOPHILOPOULOU

Artistic supervisor
INGA TZANEKA

Photographs
A. SKIADARESIS

Computer processing of texts
KATERINA ILIOPOULOU

Colour separations
STUDIO LINE

Printing
A. PETROULAKIS S.A.

ΣΥΝΤΕΛΕΣΤΕΣ ΤΗΣ ΕΚΔΟΣΗΣ

Γενική επιμέλεια
ΕΥΑΓΓΕΛΙΑ ΚΥΠΡΑΙΟΥ

Μετάφραση στα αγγλικά
ALEX DOUMAS
DAVID HARDY (Εισαγωγή)

Επιμέλεια κειμένου
ΜΑΡΙΑ ΚΑΖΑΚΟΥ

Διορθώσεις
ΒΙΚΥ ΘΕΟΦΙΛΟΠΟΥΛΟΥ

Καλλιτεχνική επιμέλεια
ΙΝΓΚΑ ΤΖΑΝΕΚΑ

Φωτογραφίες
Α. ΣΚΙΑΔΑΡΕΣΗΣ

Ηλεκτρονική επεξεργασία κειμένου
ΚΑΤΕΡΙΝΑ ΗΛΙΟΠΟΥΛΟΥ

Διαχωρισμοί
STUDIO LINE

Εκτύπωση
ΑΘ. ΠΕΤΡΟΥΛΑΚΗΣ Α.Β.Ε.Ε.

ISBN 960-214-904-3

Text

CHRYSANTHI BALTOYANNI
Director of the Byzantine Museum of Athens

Κείμενα

ΧΡΥΣΑΝΘΗ ΜΠΑΛΤΟΓΙΑΝΝΗ
Διευθύντρια Βυζαντινού Μουσείου Αθηνών

CONTRIBUTORS TO THE EXHIBITION

BYZANTINE MUSEUM OF ATHENS

Director
CHRYSANTHI BALTOYANNI

Archaeologists
G. KAKAVAS, MA
K.PH. KALAFATI, MA

Design
A. E. TZAKOU, *Architect*
I. STAVRINOS, *Graphic art-Draughtsman*
I. TSONIS, *Electrician*

Secretariat
A. GHIOKA
P. SKOTTI

ΣΥΝΤΕΛΕΣΤΕΣ ΤΗΣ ΕΚΘΕΣΗΣ

ΒΥΖΑΝΤΙΝΟ ΜΟΥΣΕΙΟ ΑΘΗΝΩΝ

Διευθύντρια
ΧΡΥΣΑΝΘΗ ΜΠΑΛΤΟΓΙΑΝΝΗ

Αρχαιολόγοι
Γ. ΚΑΚΑΒΑΣ
Κ.Φ. ΚΑΛΑΦΑΤΗ

Σχεδιασμός
Α. Ε. ΤΖΑΚΟΥ, *Αρχιτέκτων*
Γ. ΣΤΑΥΡΙΝΟΣ, *Γραφίστας-σχεδιαστής*
Γ. ΤΣΩΝΗΣ, *Ηλεκτρολόγος*

Γραμματεία
Α. ΓΚΙΟΚΑ
Π. ΣΚΩΤΤΗ

In cooperation with
The Embassy of Greece
Dr. VICTORIA SOLOMONIDIS
Cultural Attaché

Με τη συνεργασία της
Ελληνικής Πρεσβείας στο Λονδίνο
Dr. ΒΙΚΤΩΡΙΑ ΣΟΛΟΜΩΝΙΔΟΥ
Μορφωτικός ακόλουθος

ΥΠΟΥΡΓΕΙΟ ΠΟΛΙΤΙΣΜΟΥ

Συνομιλία με το Θείον

Εικόνες από το Βυζαντινό Μουσείο Αθηνών

(9ος-15ος αι.)

THE HELLENIC CENTRE, LONDON

22 Μαΐου - 20 Ιουνίου 1998

ΑΘΗΝΑ 1998

HELLENIC MINISTRY OF CULTURE

UK Presidency of the European Union

GREECE IN BRITAIN

A nationwide series of events
presented by the Embassy of Greece
on the occasion of the UK Presidency
of the European Union
(January - June 1998)

Conversation with God

Icons from the Byzantine Museum of Athens

(9th-15th centuries)

THE HELLENIC CENTRE, LONDON

22 May - 20 June 1998

ATHENS 1998

The year 1997 can be symbolized as a year that rekindled the international interest for Byzantine studies, Byzantine art, and Byzantium in general, as a historical and spiritual period.

The factors which can be attributed to this include two splendid exhibitions, "The Glory of Byzantium" in New York and the "Treasures of Mount Athos" in Thessaloniki - Cultural Capital of Europe 1997.

The reawakening of the international communities' attention towards Byzantium – a misunderstood and largely unknown age – is, of course, not an accidental occurrence. It conveys a recognition of a historical period which has helped shape today's European cultural identity.

Byzantine art is the clearest and most eloquent expression of Byzantine culture. It is seen as a brilliant art form, both religious and secular, an art which, despite its high aesthetic level, remains profoundly popular. An art form which does not require specialized knowledge in order for it to be appreciated, but does demand purity of spirit from its viewer. This evocative and imposing art form is one of the most magnificent gifts of Byzantium to the world's cultural heritage. Thus, it is our duty as citizens to study and project its quality.

I wish to thank all those who assisted in helping make this Exhibition a reality, an effort which has greatly contributed to presenting the spirit and essence of Greek culture in Britain. In addition, I would like to recognize the success of the series of events "Greece in Britain" which have been presented by the Embassy of Greece on the occasion of the UK Presidency of the European Union.

EVANGELOS VENIZELOS
Greek Minister of Culture

Το 1997 υπήρξε ένα έτος αναζωπύρωσης του διεθνούς ενδιαφέροντος για τις βυζαντινές σπουδές, τη βυζαντινή τέχνη, το Βυζάντιο εν γένει, ως ιστορική και πνευματική περίοδο.

Ίσως να συνέβαλαν σε αυτό και οι δύο μεγάλες εκθέσεις, «Η Δόξα του Βυζαντίου» στη Νέα Υόρκη και οι «Θησαυροί του Αγίου Όρους» στη Θεσσαλονίκη - Πολιτιστική Πρωτεύουσα της Ευρώπης 1997.

Η αναθέρμανση του διεθνούς ενδιαφέροντος γύρω από το Βυζάντιο, αυτή την παρεξηγημένη και εν πολλοίς άγνωστη εποχή, δεν αποτελεί φυσικά ένα τυχαίο γεγονός. Υποδηλώνει την αναγνώριση της προσφοράς του Βυζαντίου στη συγκρότηση της ευρωπαϊκής πολιτιστικής ταυτότητας.

Η βυζαντινή τέχνη είναι η πιο εύγλωττη και σαφής μαρτυρία του βυζαντινού πολιτισμού. Πρόκειται για μια λαμπρή τέχνη, λατρευτική αλλά και κοσμική, η οποία, παρά το υψηλό αισθητικό της επίπεδο, είναι βαθύτατα λαϊκή. Μια τέχνη που δεν προϋποθέτει εξειδικευμένες γνώσεις για την προσέγγισή της, αξιώνει όμως από το θεατή της καθαρότητα ψυχής. Αυτή η υποβλητική όσο και επιβλητική τέχνη είναι μια ακόμα μεγάλη προσφορά του Βυζαντίου στην παγκόσμια πολιτιστική κληρονομιά και είναι χρέος μας να τη μελετούμε και να την προβάλλουμε.

Αισθάνομαι την ανάγκη να ευχαριστήσω όλους εκείνους που εργάστηκαν για την πραγματοποίηση αυτής της Έκθεσης, η οποία συμβάλλει στην αντιπροσωπευτικότερη παρουσίαση του προσώπου του ελληνικού πολιτισμού στη Βρετανία, καθώς και στην επιτυχία της σειράς εκδηλώσεων «Η Ελλάδα στη Βρετανία», που παρουσιάζει η Πρεσβεία της Ελλάδας στο Λονδίνο με την ευκαιρία της Βρετανικής Προεδρίας της Ευρωπαϊκής Ένωσης.

ΕΥΑΓΓΕΛΟΣ ΒΕΝΙΖΕΛΟΣ
Υπουργός Πολιτισμού

INTRODUCTION

The "Conversation with God" engaged in by the twenty-five icons from the Byzantine Museum of Athens in this Exhibition at the Hellenic Centre, London, is the outcome of a joint endeavour by the Hellenic Ministry of Culture and the Museum itself, who have ventured to transport those expressions of Byzantine painting of greatest value in the context of this communication. The Exhibition, supported by the Greek Embassy in London, is one of the many cultural events which are being held under the title "Greece in Britain" to mark Britain's holding of the presidency of the European Union, and is the culminating event of the series. The items from the museum have been carefully selected for the Exhibition and form a very important group: they represent every kind of portable icon painted on wood, the ideological currents – differing with period and place – to which they give expression, the Christian doctrines, and the various forms and schools to which these religious works of art belong.

The portable icon, one of the most important expressions of Byzantine painting, followed from its beginnings the artistic currents of the times, and was also one of the most venerated liturgical objects. The beginnings of the icon go back to the burials of the first Christian martyrs, which dictated the use of funeral portraits or depictions of their torments and martyrdom.

The painter "delineated the deeds of the martyr ... invariably ... executing his work of art as in a written book" (Gregory of Nyssa, *PG* 46, 737D). According to Gregory of Nyssa, then, the painter rendered the events of the martyr's life in his icon in the same way that they might be read in a book. It is evident, therefore, that not only individual portraits, but also the type of icon bordered by scenes from the saint's life, were known by the time of Gregory of Nyssa.

Icons of Christ were painted just as frequently from a very early date; according to St. John Chrysostomos (*PG* 50, 519D) the figure of Christ was depicted not only in icons but everywhere – in seal engravings, on the bezels of finger-rings, and on the walls of rooms. In contrast with Chrysostomos's stern comment, St. Basil urges painters to depict the figure of Christ in icons, as is clear from the phrase: "painters arise ... magnify the icon of the General with your art ... let Christ the leader of the struggles be painted in the panel (*PG* 31, 489A). We also learn from Theodoretos that St. Luke the Evangelist painted the figure of the Virgin (*PG* 86, 165A). Subjects drawn from the Old Testament (Gregory of Nyssa, *PG* 46, 572C), scenes of miracles (Evagrios, *PG* 86, 2745) and icons with bishops in the churches (*PG* 86, 220) are no exception to the rule.

With regard to the location of icons, there is some evidence that they adorned the walls of churches or even private houses, as is clear from the text of the anathema by the iconoclasts at the Constantinople Synod in 754. It is here clearly stated that "whosoever dares to make an icon, or venerate or set one up in a church or private house, let him be excommunicated" – a clear indication that icons were also used in the houses of private individuals.

Icons have also worked many miracles, from before the iconoclastic controversy down to the present day. We may note, by way of example, the statement of St. John Damaskenos in connection with the icon of the Virgin painted by St. Luke the Evangelist (*PG* 95, 352B), that "many signs and portents have been shown in the ... icon of the Mother of God". Or other claims, such as that "holy icons often exude myrrh" (*PG* 28, 621C); or, in connection with the icon of St. Theodore (*PG* 94, 1399A), that "one of those (the Saracens) shot arrows at the icon of St. Theodore ... and blood issued from it and ran down below the icon".

The origins of the icon, the first appearance of which is assigned to the 4th century and connected with the funeral portraits of the first Christian martyrs, have been traced back to Late Antiquity, and more specifically to the funeral portraits of the Hellenistic and Roman periods, many of which have been discovered intact in the tombs of the Fayum in Egypt.

The techniques used in the painting of icons, such as the encaustic technique or the use of egg tempera, were also derived from Late Antiquity. The brilliant results yielded by the wax technique with its gleaming colours and the solid modelling of the flesh of the figures which keep the work alive after so many centuries, can be seen in the earliest known encaustic icons, from the monastery on Sinai. The written sources are defective and fragmentary with regard to this very ancient technique, and the prescriptions of the Middle Ages in the West on the encaustic technique are also defective, confused, and occasionally mutually conflicting. What is certain is that the colours were mixed with wax. The question of how the wax was maintained in a molten condition while the colour was being modelled is an open one. Recent studies have led scholars to suggest that in the workshops of Egypt, to which the origins of the encaustic technique have been attributed, the wax was used in a soft, malleable, soapy form, with some solvent, such as ammonia. Egg tempera, or the technique of the egg, is attested in many sources, and is still successfully used today.

Ever since the very first works, icons have been the object of worship and veneration. "I honour and venerate the characters in these icons", writes St. Basil (*PG* 32, 1100C). "Kiss the characters in the divine icons", urges Anastasios of Sinai (*PG* 85, 832C), and Sophronios declares unequivocally "I see ... an icon of the ... Mother of the God and I say to her, Maiden...". This is only some of the evidence furnished in abundance by the written sources, together with other realistic details of value for the history and the development of the worship of the icons, before which candles shine and incense burns: Germanos of Constantinople writes, "let there be lit candles and sweet-smelling incense before the icons".

The special veneration accorded to icons was soon called into question, and the major episode in Byzantine history known as the Battle of the Icons began in 730 with Leo III. This period, which has been described as a culturally dangerous one, attempted to steer the iconic art of Byzantium towards an aniconic art hitherto unknown in its tradition. The defeat of the iconoclasts and the victory of the icons in 843 set free the creative forces of art, and the conceptual content, morphological character and function of icons were firmly established with clear principles and definitions in the time of the patriarch Photios. It is now generally agreed that this felicitous moment for the worship of icons supplied the creative impulse for the astonishing art and originality of the icons that followed.

The crystallisation of the events of the New Testament, prefigured in tried and tested iconographic forms drawn from the Old Testament, the standardised iconography of the divine figures of Christian worship, and the firmly established characteristics of the martyrs and saints, all set art decisively free, enabling it to search without distraction for new modes of expression, now of a representational nature.

One of the most important examples of an icon still close to the memories of the iconoclastic controversy is furnished by the valuable double-sided icon of the Crucifixion, Cat. no.1, in which are preserved ninth century features such as the angels rendered with birds' legs above the horizontal arms of the Cross. This feature, which is not part of the Byzantine painting tradition, seems to be a survival from the period of the Battle of the Icons, when long-legged birds were included in aniconic scenes.

The devotional elements in the icons, and the doctrinal loading carried by depictions of the Passion of Christ and especially of the Virgin and Child, which conveyed the complex meanings of the Incarnation and the Passion, were also consolidated and established in representations of humanist character. The creative artist, now liberated, produced sentimental representations of the Virgin mother Glykophilousa with the *nepiazon* Christ (Christ shown as an infant), using genuinely painterly means to express the difficult theological messages of Byzantium. Already in the late tenth or early eleventh century, sentimental scenes of the Virgin Glykophilousa are found in mural painting, superb examples being the depictions of the Virgin Glykophilousa in Cappadocia that also entered the portable icons of Georgia in this same period. At the end of the eleventh century, this trend is represented by an icon famous for its artistic quality and beauty – the Vladimir Virgin Glykophilousa – in which the tightly embracing figures clearly convey the message of the Incarnation and the Passion through their very human character.

The same ethos is found in the valuable icon of the Virgin and Child in the Kykkos Monastery on Cyprus, which inspired the creation of some important icons with the same formulation. In this, the Child is depicted with a highly expressive, significant pose and movement, hanging from his mother's neck and turned towards the viewer, with bare legs, his right hand holding the closed scroll and resting on the Virgin's hand. This new dramatic iconographic type was used in a large number of important twelfth century icons, such as that of the Glykophilousa on Sinai in the type of the Virgin of Kykkos.

In the twelfth century in particular some masterpieces of the high art of the icon made their appearance alongside the iconographic type of the Virgin of Kykkos, with the same dramatic character. An outstanding example is the icon Cat. no. 2 in the Exhibition, dating from the late Comnenian period, with its pronounced sentimentality and doctrinal messages. The representation in the Byzantine Museum icon, which was also copied by western workshops, and was the forerunner of a series of later icons in Macedonia, seems to have been executed under artistic conditions similar to those of the Virgin of Kykkos. The stylistic features of the icon, however, point to its having originated in a different area, and to its different representational means, which may be identified with those of the painting in icons produced by Macedonian workshops at this period.

This development in Byzantine art, as expressed in the painting of icons in the Middle Byzantine period, with its new painterly and iconographic media, also extended to a category of works established as devotional icons, with depictions of individual holy persons. This type of devotional icon had remained unchanged down to the period of the iconoclastic controversy, uninfluenced by the anxious aspirations of mural painting. As we have seen, devotional icons of the Virgin and Child, which led to the creation of a vast range of variations of the Virgin Glykophilousa, formed an exception to this rule soon after the Battle of the Icons.

The art of this period was more conservative and diffident in its depiction of the iconographic type of Christ Pantocrator, in which any changes were confined to features that did not affect its triumphant character. The additions and minor modifications that can be detected in the Palaeologan representation of Christ Pantocrator, Cat. no. 5, in which the number of relief medallions in the background is increased and the clothes have lighter colours, leave the severe ethos of this figure, too, unaffected.

In contrast, the rendering of the triumphant icon of the Virgin Hodegetria in the Palaeologan period was influenced by the messages of the artistic revival of the time, and there were substantial interventions in both the details and the very ethos of the Virgin and the Christ-Child in her arms. The Virgin Hodegetria, Cat. no. 6, despite having no particularly emotive charge, nevertheless has an immediacy that is achieved by strictly painterly artifices, faithfully following the major art of the wall-paintings of Hagia Sophia at Trebizond, which is dated to the late thirteenth century.

In another version of the Hodegetria, on the Palaeologan double-sided icon Cat. no. 10, the Virgin now turns, albeit slightly, towards the Child and carefully rests the tips of the fingers of her right hand on his knee; quite apart from its references to theological concepts, this is a fine work from a Constantinopolitan workshop in the early fourteenth century in which the revival trends are quite apparent.

The same aristocratic, brilliant art of Palaeologan Constantinople informs the Crucifixion on the other side of this icon, the creator of which seems to have been well acquainted with earlier iconographic formulations that also influenced a well-known thirteenth century Venetian workshop.

Features derived from the western painting of Crusader workshops were used together with scenes drawn from classicising Palaeologan art in the icon of St. George Cat. no. 4, the type and art of which are of some interest. The central figure of the icon is flanked by scenes from the saint's life that exhibit features of the current of renewal associated with early Palaeologan painting. Quite apart from this combination, which is of interest for the history of the development of Byzantine art, this icon – a votive, as is clear from the depiction on a small scale of the lady who dedicated it – is the most representative example of its kind.

The fourteenth century painting of the Capital, by now luxurious and precious, is represented by the icon of the archangel Michael, Cat. no. 7. With its excellent technical and painterly media, the icon is redolent of its Constantinopolitan origins, and the archangel is rendered frontally, monumentally, and at the same time, classically beautiful. The revival and classicising trends of the Capital find their happiest application in the high quality art of this work.

The icon Cat. no. 16, of a saint who is identified with St. Irene, has been attributed to the first half of the fourteenth century and to a local Macedonian workshop. The painterly media used in the representation, which are different in rendering and technique, distance the depiction from the high art of the archangel, but the icon is nonetheless one of the most important works of Palaeologan art. The very beautiful figure of the saint, adorned with a large number of painted precious stones and pearls, suggests that it was a votive icon donated by some person of high status. This is further supported by the interesting historical evidence furnished by the icon through the inclusion of the name Euthymios in the inscription. The identification of Euthymios with the Metropolitan of Medea in Thrace of the same name, who in the first half of the fourteenth century administered one of the most active ecclesiastical centres of the period, justifies the inclusion of this icon amongst the most important works of the Palaeologan period.

The icon of the Three Hierarchs, Cat. no. 11, dates from the same period, but now has a different representational character. Based on a model drawn from the Macedonian painting of Studenica (church of Joachim and Anna, 1313-1320), the depiction clearly exhibits the anti-classical trends of the workshops of this region, here rendered with the excellent technical and painterly media of the fourteenth century.

The icon of the apostles Peter and Paul, Cat. no. 12, of interest for its iconography and special meaning, is attributed to a fourteenth century Macedonian workshop with the same anti-classical trends, which are here more pronounced. The two apostles, to left and right of a large Cross which has a medallion at the intersection of the arms containing the redemptive depiction of Christ as Man of Sorrows, are deliberately treated realistically without the classicising eloquence *(kalliepeia)* of Constantinopolitan painting.

At the end of this century, the scenes became more emotionally charged, though the human element did not prevent the great artists of the period from accurately interpreting their doctrinal content. The icon of the Virgin with the epithet "Akatamachetos" (Invincible), Cat. no. 13, which exudes profound melancholy and sorrow, clearly alludes to the coming Passion of the infant, within the well-tried schema of ancient depictions of grieving mother and child.

From this same period comes the serious, monumental Virgin Hodegetria, Cat. no. 14, with the Child in a hieratic, frontal pose, gleaming in his gold-woven garments. The serious character of the figures is in accord with the devotional nature of the icon, though it is also charged, as dictated by the art of its period, with the special messages transmitted by the religious and theological movements of the fourteenth century. Set in a restless, misty atmosphere, which is intensified by the equally restless scenes from the Twelve Feasts that surround her, the Virgin Hodegetria of the Byzantine Museum has a specific ideological orientation. The above features, taken together with the very expressive iconographic elements, probably point to circles associated with Hesychast monasteries.

It is worth noting at this point that similar complex combinations, especially the inclusion of sentimental elements alongside serious doctrinal messages in the depiction of the Virgin Glykophilousa during the Palaeologan period, were rendered very dynamically by the local peripheral workshops of Byzantium. In this endeavour, prominence was given mainly to the realistic elements of the tender group of the Virgin mother and the Christ-Child.

A notable example of the very tender Virgin mother is provided by icon Cat. no. 17, which comes from a local workshop of Veroia at the end of the fourteenth century.

The Virgin "Theoskepastos" (God-sheltered) in icon Cat. no. 19, dating from the early fifteenth century, is close to the same tradition; it comes from a local workshop on the

Aegean islands and seems to follow the iconography of the Virgin at Dečani, with a number of features associated with a Macedonian workshop of the late fourteenth century.

The icon of St. Marina, Cat. no. 18, has been attributed to a peripheral centre to which the principles and methods of the Palaeologan art of the Capital were transplanted after the Fall of Constantinople to the Turks, and more specifically to a Cretan workshop. The depiction, which generally speaking retains the above features, though in a more conservative rendering, is dated to the first half of the fifteenth century.

The icon of the Hospitality of Abraham, Cat. no. 22, with its excellent technique and expression, belongs to the fifteenth century and to a similar atmosphere, though it has a number of features from a later period than the icon of St. Marina.

The most successful expression of the precious heritage bequeathed by Constantinople to Crete can be seen in the icon of the Nativity Cat. no. 21, attributed to the famous Cretan painter Angelos in the first half of the fifteenth century. With its features drawn from the brilliant painting of the Palaeologan revival found in the Pantanassa at Mystras, it is one of the few examples of a highly refined art that points to a similar environment to that of the art of Gemistus Pletho.

Dwelling here only on the most important of the valuable icons in the Exhibition, which are presented in detail in the individual entries, I believe that these are in themselves enough to offer communication with a great art, which is proffered so richly in the "Conversation with God".

CH. B.

ΕΙΣΑΓΩΓΗ

Η σημερινή Conversation with God, που συντελείται με την έκθεση είκοσι πέντε εικόνων του Βυζαντινού Μουσείου των Αθηνών στο Hellenic Centre του Λονδίνου, είναι η προσφορά μιας σύνθετης προσπάθειας του Υπουργείου Πολιτισμού και του Μουσείου, που τόλμησαν με τη βοήθεια και τη συμπαράσταση της εκεί ελληνικής πρεσβείας τη μετακίνηση των πολυτιμότερων γι' αυτή τη μέθεξη «μορφώσεων» της βυζαντινής ζωγραφικής. Αποτελεί μια ακόμη πολιτιστική έκφραση στα πλαίσια των εκδηλώσεων «Η Ελλάδα στη Βρετανία», που τελούνται προς τιμήν της βρετανικής προεδρίας της Ευρωπαϊκής Ένωσης και σηματοδοτεί την υψηλή κορύφωσή τους.

Τα προσεκτικά επιλεγμένα για την Έκθεση μουσειακά αυτά αντικείμενα αποτέλεσαν σημαντικότατο σύνολο, ικανό να εκπροσωπήσει όλα τα είδη της φορητής εικόνας σε ξύλο, τα διαφορετικά κατά εποχές και τόπους ιδεολογικά ρεύματα που εκφράζει, τα χριστιανικά δόγματα, τις ποικίλες μορφές, όπως και τις σημαντικότερες σχολές που υπηρέτησαν το λατρευτικό και καλλιτεχνικό αυτό δημιούργημα.

Μία από τις σημαντικότερες εκφράσεις της βυζαντινής ζωγραφικής, η φορητή εικόνα, παρακολουθεί από την αρχή της τα καλλιτεχνικά ρεύματα της εποχής που ανήκει και, παράλληλα, αποτελεί ένα από τα πιο λατρεμένα λειτουργικά αντικείμενα. Η αρχή της ανάγεται στις ταφές των πρώτων χριστιανών μαρτύρων που υπαγόρευσαν τη χρήση ταφικών πορτρέτων ή και την απεικόνιση των άθλων και του μαρτυρίου τους.

Ο ζωγράφος *ἐν εἰκόνι* τότε *διαγραψάμενος τὰς ἀριστείας τοῦ μάρτυρος... πάντα... ὡς ἐν βιβλίῳ τινὶ γλωττοφόρῳ... τεχνουργησάμενος...* (Γρηγόριος Νύσσης, *PG* 46, 737D). Σύμφωνα λοιπόν με τον Γρηγόριο Νύσσης, ο ζωγράφος απέδιδε τότε στην εικόνα τις αριστείες του μάρτυρα με τις λεπτομέρειες που θα εύρισκε κανείς σε γραπτές εύγλωττες διηγήσεις. Επομένως ήδη από τον 4ο αιώνα, εκτός από τη μεμονωμένη προσωπογραφία, μαρτυρείται και ο τύπος της εικόνας που πλαισιώνεται με σκηνές του βίου του.

Με την ίδια συχνότητα ζωγραφίζονται από πολύ νωρίς εικόνες του Χριστού, η μορφή του οποίου γράφεται πλέον όχι μόνον εκεί, αλλά και στους τοίχους των δωματίων, στα χαράγματα των σφραγίδων, μέχρι και στις σφενδόνες των δαχτυλιδιών: *Ἐν δακτυλίων σφενδόναις καὶ ἐν ἐκτυπώμασι καὶ ἐν φιάλαις καὶ ἐν θαλάμων τοίχοις καὶ πανταχοῦ τὴν εἰκόνα τὴν ἁγίαν ἐκείνην διεχάραξαν πολλοί* (Χρυσόστομος, *PG* 50, 519D). Σε αντίθεση με την αυστηρή παρατήρηση του Χρυσόστομου, ο Βασίλειος προτρέπει να ζωγραφίζεται η μορφή του Χριστού σε εικόνες, όπως μαρτυρείται στη φράση: *ἀνάστητε... ζωγράφοι. τὴν τοῦ στρατηγοῦ τὴν εἰκόνα... μεγαλύνατε τέχναις... ἐγγραφέσθω τῷ πίνακι καὶ ὁ ἀγωνοθέτης Χριστός* (*PG* 31, 489A). Από τον Θεοδώρητο επίσης λέγεται ότι ο ίδιος ο ευαγγελιστής Λουκάς ζωγράφισε τη μορφή της Παναγίας (*PG* 86, 165A). Από τον κανόνα δεν εξαιρούνται θέματα της Παλαιάς Διαθήκης (Γρηγόριος Νύσσης, *PG* 46, 572C), οι απεικονίσεις θαυμάτων (Ευάγριος, *PG* 86, 2745), εικόνες επισκόπων στους ναούς (*PG* 86, 220).

Αλλά και για τη θέση των εικόνων υπάρχουν μαρτυρίες ότι κοσμούσαν τους τοίχους των εκκλησιών ή και ιδιωτικών σπιτιών, όπως φαίνεται από ανάθεμα των εικονοκλαστών στη Σύνοδο της Κωνσταντινουπόλεως το 754. Εκεί φέρεται σαφώς ότι *ὁ τολμῶν... κατασκευάσαι εἰκόνα, ἢ προσκυνῆσαι, ἢ στῆσαι ἐν ἐκκλησίᾳ ἢ ἐν ἰδιωτικῷ οἴκῳ... ἀναθεματιζέσθω*, όπου φαίνεται σαφώς η χρήση της εικόνας και σε κατοικίες.

Πολλά είναι επίσης τα θαύματα που κάνουν οι εικόνες από τα προεικονομαχικά χρόνια μέχρι σήμερα. Επιλεκτικά αναφέρουμε την είδηση του Ιωάννη Δαμασκηνού (*PG* 95, 352B) για την εικόνα της Παναγίας που ζωγράφισε ο ευαγγελιστής Λουκάς, σύμφωνα με την οποία *Πολλὰ σημεῖα καὶ... τέρατα ἐν τῇ τῆς... Θεομήτορος εἰκόνι διαδείκνυνται*. Ή άλλες ειδήσεις, όπως *μύρα πολλάκις ἔβλυσαν ἅγιαι εἰκόνες* (*PG* 28, 621C), και για την εικόνα του αγίου Θεοδώρου (*PG* 94, 1399A): *Ἔρριψεν εἷς ἐξ αὐτῶν* (Σαρακηνών) *σαγίταν κατὰ τῆς εἰκόνος τοῦ ἁγίου Θεοδώρου... καὶ ἐξῆλθεν αἷμα καὶ κατῆλθεν ἕως κάτω τῆς εἰκόνος*.

Η καταγωγή της εικόνας, που η αρχή της ορίζεται τον 4ο αιώνα και συνδέθηκε με τα ταφικά πορτρέτα των πρώτων μαρτύρων της χριστιανοσύνης, ανιχνεύθηκε στην ύστερη αρχαιότητα και ειδικότερα στα νεκρικά πορτρέτα της ελληνιστικής και της ρωμαϊκής εποχής, που πολλά από αυτά βρέθηκαν ακέραια στους τάφους της περιοχής του Φαγιούμ της Αιγύπτου. Από την ύστερη αρχαιότητα αντλήθηκαν και οι τεχνικές που εφαρμόστηκαν στη ζωγραφική των εικόνων, όπως η εγκαυστική και η τεχνική της αυγοτέμπερας. Τα λαμπρά αποτελέσματα της τεχνικής του κεριού με τα λαμπερά χρώματα και το στέρεο πλάσιμο στα σαρκώματα των μορφών, που κάνουν το έργο να μένει ζωντανό μετά από πολλούς αιώνες, αναγνωρίζονται στις παλαιότερες σήμερα γνωστές εγκαυστικές εικόνες του Σινά. Για την πανάρχαια αυτή τεχνική οι γραπτές πληροφορίες είναι ελλιπείς και αποσπασματικές, όπως ελλιπείς και συγκεχυμένες και κάποτε αλληλοσυγκρουόμενες είναι και οι συνταγές του δυτικού Μεσαίωνα και της Αναγέννησης για την εγκαυστική. Ένα είναι βέβαιο, ότι η ανάμειξη των χρωμάτων γινόταν με τη βοήθεια του κεριού. Το πρόβλημα της διατήρησης του κεριού ρευστού κατά την ώρα του πλασίματος του χρώματος παρέμενε ανοιχτό. Από τις τελευταίες μελέτες η έρευνα οδηγήθηκε στην άποψη ότι τα εργαστήρια της Αιγύπτου, όπου εντοπίζεται και η καταγωγή της εγκαυστικής, χρησιμοποιούσαν το κερί στη μαλακή και εύπλαστη μορφή της σαπωνοποίησης με διαλύτη την αμμωνία. Η αυγοτέμπερα ή τεχνική του αυγού είναι από πολλές πηγές γνωστή και εφαρμόζεται με επιτυχία και σήμερα. Και η εικόνα από τις πρώτες δημιουργίες της λατρεύτηκε και δέχθηκε προσκύνηση. *Τοὺς χαρακτῆρας τῶν εἰκόνων αὐτῶν τιμῶ καὶ προσκυνῶ*, γράφει ο Βασίλειος (*PG* 32, 1100C). *Τοὺς χαρακτῆρας τῶν θείων εἰκόνων ἀσπάζεσθαι*, παροτρύνει ο Αναστάσιος ο Σιναΐτης (*PG* 85, 832C) και ο Σωφρόνιος απερίφραστα δηλώνει: *Ὁρῶ... εἰκόνα τῆς... Θεοτόκου ἑστῶσαν καὶ φημὶ πρὸς αὐτὴν Παρθένε...*

Και αυτά είναι μερικά από εκείνα που άφθονα προσφέρονται από τις πηγές μαζί με άλλα πραγματιστικά στοιχεία, πολύτιμα για την ιστορία και την εξελικτική λατρευτική πορεία της εικόνας, μπροστά από την οποία φέγγουν οι κανδήλες και το θυμίαμα ευωδιάζει. *Ἔμπροσθεν τῶν εἰκόνων*, γράφει ο Γερμανός Κωνσταντινουπόλεως, *φωταγωγίαν γίνεσθαι καὶ εὐώδη θυμίασιν.*

Η ιδιαίτερη αυτή λατρεία της εικόνας δεν άργησε να αμφισβητηθεί, και με τον Λέοντα τον Γ΄ το 730 αρχίζει η μεγάλη της περιπέτεια, γνωστή στην ιστορία του Βυζαντίου ως Εικονομαχία. Η περίοδος, που χαρακτηρίστηκε πολιτισμικά επικίνδυνη, δοκίμασε να οδηγήσει την εικονική τέχνη του Βυζαντίου στην άγνωστη για την παράδοσή του ανεικονική. Η ήττα των εικονομάχων και η νίκη της εικόνας το 843 αφήνει ελεύθερες τις δημιουργικές δυνάμεις της τέχνης και την εποχή του πατριάρχη Φωτίου το εννοιολογικό περιεχόμενό της, ο μορφολογικός χαρακτήρας της και η λειτουργία της ως λατρευτικού αντικειμένου καθιερώνονται τώρα με σαφείς αρχές και ορισμούς. Είναι κοινά σήμερα αποδεκτό ότι η ευτυχισμένη αυτή στιγμή για τη λατρεία της εικόνας αποτέλεσε και τη γενεσιουργική αφορμή για τις εκπληκτικές σε τέχνη και δημιουργία εικόνες που ακολούθησαν.

Η αποκρυσταλλωμένη πλέον εικονογραφία των δρώμενων της Καινής Διαθήκης, που προεικονίζεται σε δοκιμασμένα επίσης εικονογραφικά σχήματα της Παλαιάς Διαθήκης, τα παγιωμένα εικονογραφικά σχήματα των θεϊκών προσώπων της χριστιανικής λατρείας και τα καθιερωμένα χαρακτηριστικά των μαρτύρων και των αγίων ελευθερώνουν οριστικά την τέχνη, που απερίσπαστη αναζητεί πλέον νέους εικαστικούς τρόπους έκφρασης.

Από τα σημαντικότερα δείγματα εικόνας, πολύ κοντά ακόμη στις μνήμες της Εικονομαχίας, είναι η πολύτιμη αμφιπρόσωπη εικόνα της Σταύρωσης (αριθ. Κατ. 1), που διατηρεί στοιχεία από τον 9ο αιώνα, όπως τους αγγέλους πάνω από την οριζόντια κεραία του Σταυρού, που αποδίδονται με πόδια πουλιών. Το στοιχείο, που δεν εντάσσεται στην παράδοση της βυζαντινής ζωγραφικής, φαίνεται να επιβιώνει από την εποχή της Εικονομαχίας, στις ανεικονικές παραστάσεις της οποίας ενσωματώνονται ψηλοπόδαρα πουλιά.

Τα λατρευτικά επίσης στοιχεία των εικόνων και η δογματική φόρτιση των παραστάσεων του Πάθους του Χριστού και ιδιαίτερα της βρεφοκρατούσας Παναγίας, από όπου εκπέμπονται τα σύνθετα νοήματα της Ενσάρκωσης και του Πάθους, σταθεροποιούνται και επιβάλλονται μέσα από παραστάσεις με ουμανιστικό χαρακτήρα. Ο ελεύθερος τώρα καλλιτέχνης δημιουργός επεξεργάζεται συγκινησιακές παραστάσεις της Γλυκοφιλούσας μάνας Παναγίας με τον Χριστό «νηπιάζοντα», εκφράζοντας με γνήσια ζωγραφικά μέσα τα δύσκολα θεοκρατικά μηνύματα του Βυζαντίου. Ήδη από τα τέλη του 10ου ή τις αρχές του 11ου αιώνα συγκινησιακά σχήματα της Γλυκοφιλούσας εντοπίζονται στην εντοίχια ζωγραφική με εκπληκτικά παραδείγματα τις Γλυκοφιλούσες Παναγίες της Καππαδοκίας, που περνούν και στις φορητές εικόνες της ίδιας εποχής στη Γεωργία. Στα τέλη του 11ου αιώνα η τάση αυτή εκπροσωπείται στη γνωστή για την ποιότητα και το κάλλος της εικόνα της Γλυκοφιλούσας Παναγίας του Βλαντιμίρ, με σφικτοαγκαλιασμένες τις δύο μορφές που εκπέμπουν σαφέστατα, μέσα σε εξαιρετικά ανθρώπινο χαρακτήρα, το μήνυμα της Ενσάρκωσης και του Πάθους.

Με το ίδιο ήθος και η πολύτιμη εικόνα της Παναγίας βρεφοκρατούσας στη μονή του Κύκκου της Κύπρου, που προκαλεί τη δημιουργία σημαντικών εικόνων με το ίδιο σχήμα. Η παράσταση εκεί αποδίδεται με το παιδί σε εξαιρετικά εκφραστική και σημαίνουσα στάση και κίνηση. Κρέμεται από το λαιμό της μητέρας του γυρισμένο προς το θεατή, με τα πόδια γυμνά και το δεξιό χέρι του, που κρατεί το κλειστό ειλητάριο, αφημένο στο χέρι της Παναγίας. Ο νέος δραματικός αυτός εικονογραφικός τύπος περνάει σε μεγάλη σειρά εικόνων με σημαντικά έργα του 12ου αιώνα, όπως την Παναγία Γλυκοφιλούσα στον τύπο της Παναγίας του Κύκκου στο Σινά.

Παράλληλα με τον εικονογραφικό τύπο της Παναγίας του Κύκκου και ιδιαίτερα στο 12ο αιώνα εμφανίζονται, με τον ίδιο δραματικό χαρακτήρα, αριστουργηματικές παραστάσεις στην υψηλή τέχνη της εικόνας. Από τα εξαιρετικά δείγματα η εικόνα (αριθ. Κατ. 2) της υστεροκομνήνειας εποχής με τα έντονα συγκινησιακά και δογματικά μηνύματα. Η παρά-

19

στάση της εικόνας του Βυζαντινού Μουσείου, που αντιγράφεται και από δυτικά εργαστήρια και βρίσκει τη συνέχειά της σε σειρά μεταγενέστερων εικόνων του μακεδονικού χώρου, φαίνεται να δημιουργείται κάτω από συνθήκες τέχνης ανάλογες με εκείνων της Παναγίας του Κύκκου. Στα τεχνοτροπικά όμως χαρακτηριστικά της αποκαλύπτεται ο διαφορετικός χώρος καταγωγής της και τα διαφορετικά εικαστικά μέσα, τα οποία ταυτίζονται με εκείνα της ζωγραφικής των εικόνων από τα μακεδονικά εργαστήρια της εποχής.

Η εξελικτική αυτή πορεία της βυζαντινής τέχνης, όπως εκφράζεται στη ζωγραφική της εικόνας στη μεσοβυζαντινή εποχή, με τα νέα ζωγραφικά και εικονογραφικά στοιχεία, αγγίζει και ένα είδος εικόνων καθιερωμένων ως λατρευτικών με μεμονωμένα ιερά πρόσωπα. Οι τύποι αυτού του είδους των λατρευτικών εικόνων, μέχρι τα χρόνια της Εικονομαχίας, έμεναν αναλλοίωτοι, χωρίς να επηρεάζονται από τις εναγώνιες αναζητήσεις της εντοίχιας ζωγραφικής. Από αυτό τον κανόνα, όπως είδαμε, εξαιρέθηκε γρήγορα και αμέσως μετά την Εικονομαχία η λατρευτική εικόνα της Παναγίας βρεφοκρατούσας με τη δημιουργία πλήθους παραλλαγών της Γλυκοφιλούσας.

Περισσότερο συντηρητική και διστακτική μένει η τέχνη αυτής της εποχής στην απεικόνιση του εικονογραφικού τύπου του Χριστού Παντοκράτορα, οι διαφοροποιήσεις του οποίου περιορίζονται σε στοιχεία που δεν επηρεάζουν το θριαμβικό χαρακτήρα του. Συμπληρώσεις και μικρές αλλαγές που σημειώνονται στην παλαιολόγεια παράσταση του Χριστού Παντοκράτορα (αριθ. Κατ. 5), με τον πολλαπλασιασμό των ανάγλυφων μεταλλίων στο βάθος της εικόνας και τα φωτεινότερα τώρα χρώματα των ρούχων της μορφής, αφήνουν και εδώ ανέπαφο το αυστηρό ήθος του.

Αντίθετα, η παράσταση και της θριαμβικής εικόνας της Παναγίας Οδηγήτριας την εποχή των Παλαιολόγων δέχεται τα μηνύματα της αναγεννησιακής αυτής τέχνης με ουσιαστικές παρεμβάσεις τόσο στις λεπτομέρειες, όσο και στο ίδιο το ήθος της Παναγίας και του νήπιου Χριστού στα χέρια της. Η Παναγία Οδηγήτρια (αριθ. Κατ. 6), χωρίς ακόμη ιδιαίτερη συναισθηματική φόρτιση, χαρακτηρίζεται παρ' όλα αυτά από αμεσότητα, που πέτυχε ο δημιουργός της με εξαιρετικά ζωγραφικά ευρήματα, παρακολουθώντας πιστά τη μεγάλη τέχνη της εντοίχιας ζωγραφικής στην Αγία Σοφία της Τραπεζούντας, που χρονολογείται στα τέλη του 13ου αιώνα.

Παραλλαγή επίσης της Οδηγήτριας στην παλαιολόγεια αμφιπρόσωπη εικόνα (αριθ. Κατ. 10), που γέρνει τώρα έστω και ελαφρά προς το παιδί και ακουμπάει προσεκτικά τις άκρες των δακτύλων του δεξιού χεριού της στο γόνατό του, πέρα από τις εννοιολογικές θεοκρατικές παραπομπές της, αποτελεί εξαίρετο έργο κωνσταντινουπολίτικου εργαστηρίου των αρχών του 14ου αιώνα με σαφείς τις αναγεννησιακές τάσεις του.

Στην ίδια αριστοκρατική και λαμπρή τέχνη της παλαιολόγειας Κωνσταντινούπολης εντάχθηκε και η Σταύρωση της άλλης όψης της ίδιας εικόνας, ο δημιουργός της οποίας φαίνεται να γνωρίζει και παλαιά εικονογραφικά σχήματα, που πέρασαν και σε γνωστό εργαστήριο του 13ου αιώνα της Βενετίας.

Με στοιχεία της δυτικής ζωγραφικής σταυροφοριακών εργαστηρίων, σε συνδυασμό με παραστάσεις της κλασικίζουσας παλαιολόγειας ζωγραφικής, αποδίδεται η ενδιαφέρουσα για το είδος και την τέχνη της εικόνα του αγίου Γεωργίου (αριθ. Κατ. 4). Η εικόνα παριστάνει τον όρθιο στρατιωτικό άγιο ξυλόγλυπτο και σε ρωμάνικη ατμόσφαιρα. Την κεντρική μορφή της εικόνας πλαισιώνουν σκηνές του βίου του αγίου Γεωργίου με τα χαρακτηρι-

20

στικά της ανανεωτικής τάσης στην πρώιμη παλαιολόγεια ζωγραφική. Πέρα από τον ενδιαφέροντα συνδυασμό για την ιστορία της εξελικτικής πορείας της βυζαντινής τέχνης, η εικόνα καθαρά αφιερωτική, όπως προκύπτει από τη, σε μικρή κλίμακα, παράσταση της αφιερώτριας δέσποινας στα πόδια του αγίου, αποτελεί το αντιπροσωπευτικότερο δείγμα εικόνας αυτού του είδους.

Την πολυτελή τώρα και πολύτιμη πρωτευουσιάνικη ζωγραφική του 14ου αιώνα εκπροσωπεί η εικόνα του αρχαγγέλου Μιχαήλ που κοσμεί την Έκθεση (αριθ. Κατ. 7). Με άριστα τεχνικά και ζωγραφικά μέσα η εικόνα αποπνέει την κωνσταντινουπολίτικη καταγωγή της με τον αρχάγγελο μετωπικό, μνημειακό και παράλληλα κλασικά ωραίο. Οι αναγεννησιακές και κλασικότερες τάσεις της Πρωτεύουσας, με την υψηλή τέχνη της παράστασης, βρίσκουν εδώ την ευτυχέστερη απόδοσή τους.

Στο πρώτο μισό του 14ου αιώνα και σε τοπικό εργαστήριο της Μακεδονίας αποδόθηκε και η εικόνα αγίας (αριθ. Κατ. 16), που ταυτίστηκε εδώ με την αγία Ειρήνη. Παρά τα διαφορετικά σε απόδοση και τεχνική ζωγραφικά μέσα της παράστασης, που απομακρύνει το έργο από την υψηλή τέχνη του Αρχαγγέλου, η εικόνα αποτελεί ένα από τα σημαντικά έργα της παλαιολόγειας τέχνης. Η εξαιρετική σε ομορφιά μορφή της αγίας, κοσμημένης με πλήθος από γραπτούς πολύτιμους λίθους και μαργαριτάρια, παραπέμπει σε πλούσιο αφιέρωμα υψηλά ιστάμενου αφιερωτή. Στο τελευταίο συνηγορούν και τα ενδιαφέροντα ιστορικά στοιχεία, που προσφέρει με την αναγραφή του ονόματος Ευθυμίου στην επιγραφή της. Η ταύτιση που επιχειρείται εδώ του Ευθυμίου με τον ομώνυμο μητροπολίτη Μηδείας της Θράκης, που διοικεί στο πρώτο μισό του 14ου αιώνα ένα από τα δραστήρια της εποχής εκκλησιαστικά κέντρα, δικαιώνει την ένταξη της εικόνας στα πολύ σημαντικά παλαιολόγεια έργα.

Από την ίδια εποχή, με διαφορετικό τώρα εικαστικό χαρακτήρα, προέρχεται η εικόνα των Τριών Ιεραρχών (αριθ. Κατ. 11). Με πρότυπο από τη μακεδονική ζωγραφική της Studenica (ναός Ιωακείμ και Άννας, 1313-1320), η παράσταση εμφανίζει σαφείς τις αντικλασικές τάσεις των εργαστηρίων της περιοχής, που αποδίδονται εδώ με τα εξαιρετικά τεχνικά και ζωγραφικά μέσα του 14ου αιώνα.

Σε μακεδονικό εργαστήριο του 14ου αιώνα και με τις ίδιες αντικλασικές τάσεις, εδώ εντονότερες, αποδίδεται η ενδιαφέρουσα για την εικονογραφία και το ιδιαίτερο νόημά της εικόνα των αποστόλων Πέτρου και Παύλου (αριθ. Κατ. 12). Οι δύο απόστολοι αριστερά και δεξιά από μεγάλο Σταυρό, στη διασταύρωση των κεραιών του οποίου γράφεται σε μετάλλιο η σωτηριολογική παράσταση του Χριστού Άκρα Ταπείνωση, αποδίδονται εσκεμμένα με πραγματιστική θεώρηση, χωρίς την κλασική καλλιέπεια της κωνσταντινουπολίτικης ζωγραφικής.

Στα τέλη του ίδιου αιώνα οι παραστάσεις φορτίζονται με περισσότερο συναίσθημα, το ανθρώπινο στοιχείο του οποίου δεν εμποδίζει τους μεγάλους δημιουργούς της εποχής να ερμηνεύουν εύστοχα και το δογματικό περιεχόμενό τους. Η εικόνα της Παναγίας (αριθ. Κατ. 13), με την επωνυμία Ακαταμάχητος, που αποπνέει βαθιά μελαγχολία και θλίψη, παραπέμπει σαφέστατα στην ενόραση του μελλοντικού Πάθους του παιδιού, μέσα από δοκιμασμένο σχήμα της πανάρχαιης εικονογραφίας της βρεφοκρατούσας μάνας.

Από την ίδια εποχή και η σοβαρή και μνημειακή Παναγία Οδηγήτρια (αριθ. Κατ. 14), με το παιδί σε μετωπική και ιερατική στάση, που λαμπροφορεί στα χρυσόνημα ρούχα του.

Το σοβαρότατο ήθος των μορφών συμφωνεί με το λατρευτικό χαρακτήρα της εικόνας, φορτισμένο όμως υποχρεωτικά από την τέχνη της εποχής της, με ειδικότερα μηνύματα που εκπέμπουν τα θρησκευτικά και θεολογικά κινήματα του 14ου αιώνα. Μέσα σε ανήσυχη και ομιχλώδη ατμόσφαιρα, την οποία εντείνουν οι ανήσυχες επίσης και έξω από τη μνημειακή ζωγραφική σκηνές του Δωδεκαόρτου που την περιβάλλουν, η Παναγία Οδηγήτρια του Βυζαντινού Μουσείου παρουσιάζει ειδικότερο ιδεολογικό προσανατολισμό. Τα παραπάνω χαρακτηριστικά, σε συνδυασμό με ιδιαίτερα εκφραστικά εικονογραφικά στοιχεία, παραπέμπουν πιθανότατα σε μοναστηριακούς κύκλους των Ησυχαστών.

Αξίζει εδώ να σημειωθεί ότι ανάλογοι σύνθετοι συνδυασμοί και κυρίως η παράλληλη έκφραση έντονων συγκινησιακών στοιχείων και σοβαρών δογματικών νοημάτων στην παράσταση της Παναγίας Γλυκοφιλούσας την εποχή των Παλαιολόγων αποδίδεται δυναμικότερα από τα περιφερειακά εργαστήρια του Βυζαντίου. Σε αυτή την προσπάθεια προβάλλονται κυρίως τα πραγματιστικά στοιχεία του τρυφερού συμπλέγματος της Παναγίας μάνας και του Χριστού παιδιού. Άξιο δείγμα αυτής της υπερτονισμένης τρυφερότητας της Παναγίας μάνας αποτελεί η εικόνα αριθ. Κατ. 17, που προέρχεται από τοπικό εργαστήριο της Βέροιας, του τέλους του 14ου αιώνα.

Κοντά στην ίδια παράδοση και η Παναγία η *Θεοσκέπαστος* της εικόνας (αριθ. Κατ. 19) των αρχών του 15ου αιώνα, που ανήκει σε τοπικό εργαστήριο των νησιών του Αιγαίου και φαίνεται να παρακολουθεί την εικονογραφία της Παναγίας της Dečani με χαρακτηριστικά μακεδονικού εργαστηρίου, του τέλους του 14ου αιώνα.

Σε περιφερειακό κέντρο, όπου μεταφυτεύονται την εποχή της Άλωσης οι αρχές και οι μέθοδοι της κωνσταντινουπολίτικης παλαιολόγειας τέχνης και ειδικότερα σε εργαστήριο της Κρήτης, αποδόθηκε η εικόνα της αγίας Μαρίνας (αριθ. Κατ. 18). Η παράσταση, που διατηρεί στο μεγαλύτερο μέρος της τα παραπάνω στοιχεία σε συντηρητικότερη απόδοση, χρονολογήθηκε στο πρώτο μισό του 15ου αιώνα.

Στο 15ο αιώνα και σε ανάλογη ατμόσφαιρα και με στοιχεία μεταγενέστερης εποχής από εκείνη της αγίας Μαρίνας εντάχθηκε και η άριστη σε τεχνική και έκφραση εικόνα της Φιλοξενίας του Αβραάμ (αριθ. Κατ. 22). Αυτή η πολύτιμη από την Πόλη κληρονομιά της Κρήτης, στην ευτυχέστερη έκφρασή της εντοπίζεται στην εικόνα της Γέννησης (αριθ. Κατ. 21), που αποδόθηκε στο γνωστό κρητικό ζωγράφο Άγγελο του πρώτου μισού του 15ου αιώνα. Με στοιχεία της λαμπρής αναγεννησιακής παλαιολόγειας ζωγραφικής της Παντάνασσας του Μυστρά αποτελεί ένα από τα λίγα δείγματα μιας εξαιρετικά εκλεπτισμένης τέχνης, που παραπέμπει στο περιβάλλον του Πλήθωνα του Γεμιστού.

Μένοντας στα σημαντικότερα μόνο από τα πολύτιμα έργα της Έκθεσης, η αναλυτικότερη παρουσίαση των οποίων αντιμετωπίζεται στα επιμέρους ερμηνευτικά κείμενα, πιστεύουμε ότι θα μπορούσαν και μόνο αυτά να οδηγήσουν στη μέθεξη μιας μεγάλης τέχνης, που πλούσια προσφέρεται στη Συνομιλία με το Θείον.

XP. ΜΠ.

ΑΔ   Αρχαιολογικόν Δελτίον
ΔΧΑΕ   Δελτίον της Χριστιανικής Αρχαιολογικής Εταιρείας
DOP   Dumbarton Oaks Papers

Αρχοντόπουλος 1986   Θ. Αρχοντόπουλος, Ο Δανιήλ στο Λάκκο των Λεόντων - Εισόδια της
                                      Θεοτόκου: Εικονογραφικά παράλληλα, ΣΤ' Συμπόσιο Βυζαντινής και
                                      Μεταβυζαντινής Αρχαιολογίας και Τέχνης, Αθήνα 23-25 Μαΐου 1986,
                                      Πρόγραμμα και Περιλήψεις Ανακοινώσεων, Αθήνα 1986, 14.

Αχειμάστου-Ποταμιάνου 1966   Μ. Αχειμάστου-Ποταμιάνου, Αμφιπρόσωπες εικόνες της Ρόδου, ΑΔ
                                      21 (1966), Μελέται, 62-83.

Αχειμάστου-Ποταμιάνου 1983   Μ. Αχειμάστου-Ποταμιάνου, Η μονή των Φιλανθρωπινών και η πρώ-
                                      τη φάση της μεταβυζαντινής ζωγραφικής, Αθήνα 1983.

Αχειμάστου-Ποταμιάνου 1984   Μ. Αχειμάστου-Ποταμιάνου, Έκθεση για τα εκατό χρόνια της ΧΑΕ, 1984,
                                      αριθ. 5, 7.

Αχειμάστου-Ποταμιάνου 1985   Μ. Αχειμάστου-Ποταμιάνου, Η έκθεση για τα εκατό χρόνια της Χρι-
                                      στιανικής Αρχαιολογικής Εταιρείας στο Βυζαντινό Μουσείο, Αρχαιο-
                                      λογία 14 (Φεβρουάριος 1985), 84-85.

Αχειμάστου-Ποταμιάνου 1986   Μ. Αχειμάστου-Ποταμιάνου, Βυζαντινό και Χριστιανικό Μουσείο
                                      Αθηνών, ΑΔ 41 (1986), Χρονικά, 2-9.

Αχειμάστου-Ποταμιάνου 1987   Μ. Αχειμάστου-Ποταμιάνου, Βυζαντινό και Χριστιανικό Μουσείο,
                                      ΑΔ 42 (1987), Χρονικά, 3-11.

Αχειμάστου-Ποταμιάνου 1989-1990   Μ. Αχειμάστου-Ποταμιάνου, Δύο εικόνες του Αγγέλου και του Ανδρέα
                                      Ρίτζου στο Βυζαντινό Μουσείο, ΔΧΑΕ ΙΕ' (1989-1990), 105-118.

Αχειμάστου-Ποταμιάνου 1991   Μ. Αχειμάστου-Ποταμιάνου, Βυζαντινό Μουσείο, ΑΔ 46 (1991),
                                      Χρονικά, 6-10.

Αχειμάστου-Ποταμιάνου 1994   Μ. Αχειμάστου-Ποταμιάνου, Ελληνική Τέχνη, Βυζαντινές τοιχογραφίες,
                                      Εκδοτική Αθηνών, Αθήνα 1994.

Αχειμάστου-Ποταμιάνου 1997   Μ. Αχειμάστου-Ποταμιάνου, Εικόνες της Ζακύνθου, Αθήνα 1997.

Βασιλάκη-Καρακατσάνη 1966-1969   Αγ. Βασιλάκη-Καρακατσάνη, Σημειώσεις σε μία εικόνα Βρεφοκρα-
                                      τούσας της μονής Βατοπεδίου, ΔΧΑΕ Ε' (1966-1969), 200-205.

Βοκοτόπουλος 1964   Π. Βοκοτόπουλος, Βυζαντινή τέχνη, 1964, αριθ. 186, 228, 237.

Βοκοτόπουλος 1990   Π. Βοκοτόπουλος, Εικόνες της Κέρκυρας, έκδ. Μορφωτικού Ιδρύματος
                                      Εθνικής Τραπέζης, Αθήνα 1990.

Βοκοτόπουλος 1995   Π. Βοκοτόπουλος, Ελληνική Τέχνη, Βυζαντινές εικόνες, Εκδοτική Αθη-
                                      νών, Αθήνα 1995.

Βυζαντινή Τέχνη, 1964   Η Βυζαντινή Τέχνη, Τέχνη Ευρωπαϊκή, 9η έκθεσις υπό την αιγίδα του Συμ-
                                      βουλίου της Ευρώπης, Ζάππειον Μέγαρον (1 Απριλίου-15 Ιουνίου 1964), Κα-
                                      τάλογος έκθεσης, Αθήναι 1964.

Γούναρης 1978   Γ. Γούναρης, Οι τοιχογραφίες των Αγίων Αποστόλων και της Παναγίας Ρα-
                                      σιώτισσας στην Καστοριά, Θεσσαλονίκη 1978.

Δρακοπούλου 1991   Ευγ. Δρακοπούλου, Η χριστιανική Καστοριά με βάση τις επιγραφές των ναών
                                      της (12ος-αρχές 16ου αιώνα), δακτυλ. διδακτ. διατριβή, Αθήνα 1991.

Εικόνες Κρητικής Τέχνης, 1993 (1)   Εικόνες της Κρητικής Τέχνης (Από τον Χάνδακα ως την Μόσχα και την Αγία
                                      Πετρούπολη), Ηράκλειο (15 Σεπτεμβρίου-30 Οκτωβρίου 1993), Κατάλογος
                                      έκθεσης, Ηράκλειο 1993.

Εικόνες Κρητικής Τέχνης, 1993 (2)   Εικόνες της Κρητικής Τέχνης (Από τον Χάνδακα ως την Μόσχα και την Αγία
                                      Πετρούπολη), Εθνική Πινακοθήκη και Μουσείο Αλεξάνδρου Σούτσου (18 Νο-
                                      εμβρίου-31 Δεκεμβρίου 1993), Κατάλογος έκθεσης, Αθήνα 1993.

Έκθεση κειμηλίων προσφύγων, 1982   Ειδική έκθεση κειμηλίων προσφύγων, Βυζαντινό και Χριστιανικό Μουσείο (Νο-
                                      έμβριος 1982), Κατάλογος έκθεσης, Αθήνα 1982.

Έκθεση για τα εκατό χρόνια της ΧΑΕ,1984   Έκθεση για τα εκατό χρόνια της Χριστιανικής Αρχαιολογικής Εταιρείας (1884-

1984), Βυζαντινό και Χριστιανικό Μουσείο Αθηνών (6 Οκτωβρίου 1984-30 Ιουνίου 1985), Κατάλογος έκθεσης, Αθήνα 1984.

Ερμηνεία
Διονυσίου του εκ Φουρνά, *Ερμηνεία της ζωγραφικής τέχνης και αι κύριαι αυτής πηγαί, εκδιδομένη μετά προλόγου νυν το πρώτον πλήρης κατά το πρωτότυπον αυτής κείμενον υπό Α. Παπαδοπούλου-Κεραμέως*, εν Πετρουπόλει 1909.

Ζαμβακέλλης 1985
Π. Ζαμβακέλλης, *Εισαγωγή στη βυζαντινή ζωγραφική*, Αθήνα 1985.

Καλοκύρης 1972α
Κ. Καλοκύρης, *Η Θεοτόκος εις την εικονογραφίαν Ανατολής και Δύσεως*, Θεσσαλονίκη 1972.

Καλοκύρης 1972β
Κ. Καλοκύρης, *Η ζωγραφική της Ορθοδοξίας*, Θεσσαλονίκη 1972.

Κωνσταντουδάκη-Κιτρομηλίδου 1993-1994
Μ. Κωνσταντουδάκη-Κιτρομηλίδου, Ένθρονη Βρεφοκρατούσα και άγιοι, σύνθετο έργο ιταλοκρητικής τέχνης, *ΔΧΑΕ* ΙΖ' (1993-1994), 285-302.

Λαζαρίδης 1976
Π. Λαζαρίδης, Βυζαντινό και Χριστιανικό Μουσείο, *ΑΔ* 31 (1976), Χρονικά, 10-13.

Λαζαρίδης 1978
Π. Λαζαρίδης, Βυζαντινό Μουσείο, *ΑΔ* 33 (1978), Χρονικά, 8-9.

Μαργαριτώφ 1959
Τ. Μαργαριτώφ, Έκθεση καθαρισμού της αμφιπρόσωπης εικόνας του Βυζαντινού Μουσείου, *ΔΧΑΕ* Α' (1959), 144-148.

Μιχαηλίδης 1970
Μ. Μιχαηλίδης, Βυζαντινόν και Χριστιανικόν Μουσείον, *ΑΔ* 25 (1970), Χρονικά, 16-23.

Μουρίκη 1962-1963
Ντ. Μουρίκη, Η παράσταση της Φιλοξενίας του Αβραάμ σε μία εικόνα του Βυζαντινού Μουσείου, *ΔΧΑΕ* Γ' (1962-1963), 87-112, πίν. 33-39.

Μπαλτογιάννη 1984
Χρ. Μπαλτογιάννη, *Έκθεση για τα εκατό χρόνια της ΧΑΕ* 1984, αριθ. 13.

Μπαλτογιάννη 1985
Χρ. Μπαλτογιάννη, *Εικόνες. Συλλογή Δημητρίου Οικονομοπούλου*, Αθήνα 1985.

Μπαλτογιάννη 1989
Χρ. Μπαλτογιάννη, Η Κοίμηση του Ανδρέου Ρίτζου του Λονδίνου και η εξάρτησή της από την παλαιολόγεια ζωγραφική του 14ου αιώνα, *Θ' Συμπόσιο Βυζαντινής και Μεταβυζαντινής Αρχαιολογίας και Τέχνης, Αθήνα, 26-28 Μαΐου 1989*, Πρόγραμμα και Περιλήψεις Ανακοινώσεων, Αθήνα 1989, 56-57.

Μπαλτογιάννη 1991α
Χρ. Μπαλτογιάννη, Ελλαδικά εργαστήρια εικόνων του 16ου αιώνα, *ΙΑ' Συμπόσιο Βυζαντινής και Μεταβυζαντινής Αρχαιολογίας και Τέχνης, Αθήνα, 31 Μαΐου-2 Ιουνίου 1991*, Πρόγραμμα και Περιλήψεις Ανακοινώσεων, Αθήνα 1991, 23-25.

Μπαλτογιάννη 1991β
Χρ. Μπαλτογιάννη, Η Κοίμηση του Ανδρέου Ρίτζου του Λονδίνου και η εξάρτησή της από τη ζωγραφική και τα ιδεολογικά ρεύματα του 14ου αιώνα, *Ευφρόσυνον, Αφιέρωμα στον Μανόλη Χατζηδάκη*, Ι, Αθήνα 1991, 353-372.

Μπαλτογιάννη 1991-1992
Χρ. Μπαλτογιάννη, Η Παναγία Γλυκοφιλούσα και το «Ανακλινόμενον Βρέφος» σε εικόνα της Συλλογής Λοβέρδου, *ΔΧΑΕ* ΙΣΤ' (1991-1992), 219-238.

Μπαλτογιάννη 1993
Χρ. Μπαλτογιάννη, *Εικόνες Κρητικής Τέχνης*, 1993 (1), αριθ. 202, 209.

Μπαλτογιάννη 1994
Χρ. Μπαλτογιάννη, *Εικόνες. Μήτηρ Θεού Βρεφοκρατούσα στην Ενσάρκωση και το Πάθος*, Αθήνα 1994.

Μπορμπουδάκης 1989
Μ. Μπορμπουδάκης, Κρητική σχολή ζωγραφικής, *Η Παναγία του Κάστρου*, Αθήνα 1989, 94-181.

Μπορμπουδάκης 1993
Μ. Μπορμπουδάκης, *Η Κρητική σχολή ζωγραφικής. Εικόνες Κρητικής Τέχνης*, 1993 (2), 15-31.

Ξυγγόπουλος 1936
Α. Ξυγγόπουλος, *Μουσείον Μπενάκη, Κατάλογος των εικόνων*, εν Αθήναις 1936.

Ξυγγόπουλος 1964
Α. Ξυγγόπουλος, *Οι τοιχογραφίες του Αγίου Νικολάου Ορφανού Θεσσαλονίκης*, Αθήναι 1964.

Ορλάνδος 1938
Α.Κ. Ορλάνδος, *Αρχείον των Βυζαντινών Μνημείων της Ελλάδος*, Δ', Αθήναι 1938.

Ορλάνδος 1948
Α.Κ. Ορλάνδος, *Αρχείον των Βυζαντινών Μνημείων της Ελλάδος*, ΣΤ', Αθήναι 1948.

24

Ορλάνδος 1963   A.K. Ορλάνδος, *Η Παρηγορήτισσα της Άρτης*, Αθήναι 1963.

Παλιούρας 1977   Αθ.Δ. Παλιούρας, *Ο ζωγράφος Γεώργιος Κλόντζας (ca. 1540-1608) και αι μικρογραφίαι του κώδικος αυτού*, Αθήναι 1977.

Πάλλας 1971   Δ. Πάλλας, Η ζωγραφική στην Κωνσταντινούπολη μετά την Άλωση, *ΑΔ* 26 (1971), Μελέται, 239-263.

Παναγιωτάκης 1968   Ν.Μ. Παναγιωτάκης, Έρευναι εν Βενετία, *Θησαυρίσματα* 5 (1968), 45-118.

Παναγιωτίδη 1992   Μ. Παναγιωτίδη, Η εικόνα της Παναγίας Γλυκοφιλούσας στο Μοναστήρι του Πετρίτζου, *Ευφρόσυνον, Αφιέρωμα στον Μανόλη Χατζηδάκη*, ΙΙ, Αθήνα 1992, 459-468.

Παπαδάκη-Oekland 1973-1974   Στ. Παπαδάκη-Oekland, Οι τοιχογραφίες της Αγίας Άννας στο Αμάρι. Παρατηρήσεις σε μία παραλλαγή της Δεήσεως, *ΔΧΑΕ* Ζ' (1973-74), 31-54.

Παπαδοπούλου 1995   Β. Παπαδοπούλου, Εικόνα του Νικολάου Τζαφούρη στο Μουσείο Αντιβουνιώτισσας στην Κέρκυρα, *Δέκατο Πέμπτο Συμπόσιο Βυζαντινής και Μεταβυζαντινής Αρχαιολογίας και Τέχνης*, Αθήνα, 12-14 Μαΐου 1995, Πρόγραμμα και Περιλήψεις Ανακοινώσεων, Αθήνα 1995, σ. 58.

Παπαζώτος 1989-1991   Θ. Παπαζώτος, Αγιολογικά-εικονογραφικά αγίων Βέροιας, *ΑΔ* 44-46 (1989-1991), Μελέτες, 153-162.

Παπαζώτος 1994   Θ. Παπαζώτος, *Η Βέροια και οι ναοί της (11ος-18ος αι.). Ιστορική και αρχαιολογική σπουδή των μνημείων της πόλης*, Αθήνα 1994.

Παπαζώτος 1995   Θ. Παπαζώτος, *Βυζαντινές εικόνες της Βέροιας*, Αθήνα 1995.

Πελεκανίδης 1953   Στ. Πελεκανίδης, *Καστορία Ι, Βυζαντιναί τοιχογραφίαι*, Πίνακες, Θεσσαλονίκη 1953.

Πελεκανίδης 1973   Στ. Πελεκανίδης, *Καλλιέργης, όλης Θετταλίας άριστος ζωγράφος*, εν Αθήναις 1973.

Πέτκος 1992   Α. Πέτκος, Η ανάγλυφη εικόνα του Αγίου Δημητρίου από τα Λακκώματα Καστοριάς, ανάτυπο από τα *Δυτικομακεδονικά Γράμματα*, Γ', Κοζάνη 1992.

Σωτηρίου 1924α   Γ. Σωτηρίου, *Οδηγός Βυζαντινού Μουσείου Αθηνών*, Αθήναι 1924.

Σωτηρίου 1924β   Γ. Σωτηρίου, Η συλλογή της Χριστιανικής Αρχαιολογικής Εταιρείας και η συμβολή της προς τον καταρτισμόν του Βυζαντινού Μουσείου, *ΔΧΑΕ* Α', τχ. γ', δ' (1924), 74-87.

Σωτηρίου 1931²   Γ. Σωτηρίου, *Οδηγός Βυζαντινού Μουσείου Αθηνών*, εν Αθήναις 1931².

Γ. και Μ. Σωτηρίου 1956   Γ. και Μ. Σωτηρίου, *Εικόνες της μονής Σινά*, Α' (εικόνες), Αθήναι 1956.

Γ. και Μ. Σωτηρίου 1958   Γ. και Μ. Σωτηρίου, *Εικόνες της μονής Σινά*, Β' (κείμενον), Αθήναι 1958.

Μ. Σωτηρίου 1959α   Μ.Γ. Σωτηρίου, Παλαιολόγειος εικών του Αρχαγγέλου Μιχαήλ, *ΔΧΑΕ* Α' (1959), 80-86.

Μ. Σωτηρίου 1959β   Μ.Γ. Σωτηρίου, Αμφιπρόσωπος εικών του Βυζαντινού Μουσείου Αθηνών εκ της Ηπείρου, *ΔΧΑΕ* Α' (1959), 135-143.

Τούρτα 1992   Α. Τούρτα, Εικόνα δεξιοκρατούσας Παναγίας στη Θεσσαλονίκη, *Ευφρόσυνον, Αφιέρωμα στον Μανόλη Χατζηδάκη*, ΙΙ, Αθήνα 1992, 607-617.

Τσιγαρίδας 1992   Ευθ. Τσιγαρίδας, Η χρονολόγηση των τοιχογραφιών του ναού του Αγίου Αλυπίου Καστοριάς, *Ευφρόσυνον, Αφιέρωμα στον Μανόλη Χατζηδάκη*, ΙΙ, Αθήνα 1992, 648-657.

Χατζηδάκη 1981   Θ. Χατζηδάκη, Οι δύο όψεις των βυζαντινών εικόνων, *Α' Συμπόσιο Βυζαντινής και Μεταβυζαντινής Αρχαιολογίας και Τέχνης*, Αθήνα, 28-30 Απριλίου 1981, Πρόγραμμα και Περιλήψεις Ανακοινώσεων, Αθήνα 1981, 87-88.

Χατζηδάκη-Μπαχάρα 1982   Θ. Χατζηδάκη-Μπαχάρα, *Έκθεση κειμηλίων προσφύγων*, 1982, αριθ. 4.

Χατζηδάκη 1984   Ν. Χατζηδάκη, *Έκθεση για τα εκατό χρόνια της ΧΑΕ*, 1984, αριθ. 6, 10.

Χατζηδάκη 1985-1986   Ν. Χατζηδάκη, J. Philippon, P. Ausset, Ι. Χρυσουλάκης, Α. Αλεξοπούλου, Συμβολή των φυσικοχημικών μεθόδων ανάλυσης στη μελέτη δεκατριών εικόνων του Βυζαντινού Μουσείου Αθηνών, *ΔΧΑΕ* ΙΓ' (1985-1986), 215-246.

Χατζηδάκης 1956²   Μ. Χατζηδάκης, *Μυστράς, Ιστορία - Μνημεία - Τέχνη*, Αθήναι 1956².

Χατζηδάκης 1960   Μ. Χατζηδάκης, Βυζαντινόν Μουσείον, *ΑΔ* 16 (1960), Χρονικά, 11-13.

Χατζηδάκης 1961   M. Χατζηδάκης, *Δώδεκα βυζαντινές εικόνες*, έκδ. Εμπορικής Τραπέζης της Ελλάδος, Αθήναι 1961.

Χατζηδάκης 1961-1962   M. Χατζηδάκης, Βυζαντινόν Μουσείον, *ΑΔ* 17 (1961-1962), Χρονικά, 8.

Χατζηδάκης 1963   M. Χατζηδάκης, Βυζαντινόν Μουσείον, *ΑΔ* 18 (1963), Χρονικά, 8-9.

Χατζηδάκης 1966   M. Χατζηδάκης, Βυζαντινόν και Χριστιανικόν Μουσείον, *ΑΔ* 21 (1966), Χρονικά, 16-19.

Χατζηδάκης 1967   M. Χατζηδάκης, Βυζαντινόν και Χριστιανικόν Μουσείον, *ΑΔ* 22 (1967), Χρονικά, 16-33.

Χατζηδάκης 1972   M. Χατζηδάκης, Περί σχολής Κωνσταντινουπόλεως ολίγα, *ΑΔ* 27 (1972), Μελέται, 121-137.

Χατζηδάκης 1974   M. Χατζηδάκης, Βυζαντινό Μουσείο. *Τα Ελληνικά Μουσεία*, Εκδοτική Αθηνών, Αθήνα 1974.

Χατζηδάκης 1977   M. Χατζηδάκης, *Εικόνες της Πάτμου. Ζητήματα βυζαντινής και μεταβυζαντινής ζωγραφικής*, έκδ. Εθνικής Τραπέζης της Ελλάδος, Αθήνα 1977.

Χατζηδάκης χ.χρ.   M. Χατζηδάκης, *Βυζαντινό Μουσείο Αθηνών. Εικόνες*, έκδ. Απόλλων, χ.χρ.

Χατζηδάκης 1984   M. Χατζηδάκης, Έκθεση για τα εκατό χρόνια της ΧΑΕ, 1984, αριθ. 4, 9.

Χρυσουλάκης - Μπάρλας 1982   Γ. Χρυσουλάκης - Κ. Μπάρλας, Η «Γέννηση», εικόνα της κρητικής σχολής της πρώτης μεταβυζαντινής περιόδου. Μελέτη της στρωματογραφικής δομής με υπέρυθρη φωτογραφία και ηλεκτρονική μικροανάλυση, *Αρχαιολογία* 3 (Μάιος 1982), 80-86.

Acheimastou-Potamianou 1987   M. Acheimastou-Potamianou, *From Byzantium to El Greco*, 1987, no. 17.

Acheimastou-Potamianou 1988   M. Acheimastou-Potamianou, *Holy Image - Holy Space*, 1988, no. 17.

Affreschi e icone, 1986   *Affreschi e icone dalla Grecia (X-XVII secolo), Atene e Firenze, Palazzo Strozzi (16 Settembre-16 Novembre 1986)*, Exhibition Catalogue, Atene 1986.

Baltoyanni 1986   Chr. Baltoyanni, *Icons. Demetrios Ekonomopoulos Collection*, Athens 1986.

Baltoyianni 1994   Chr. Baltoyianni, *Icons. Mother of God*, Athens 1994.

Belting 1970   H. Belting, *Das illuminierte Buch in der spätbyzantinschen Gesellschaft, Abhandlungen der Heidelberger Akademie der Wissenschaften*, Heidelberg 1970.

Belting 1980-1981   H. Belting, An Image and its Function in the Liturgy: The Man of Sorrows in Byzantium, *DOP* 34-35 (1980-1981), 1-16.

Bettini 1937   S. Bettini, *La pittura bizantina*, Firenze 1937.

Bologna 1964   F. Bologna, *Early Italian Painting, Romanesque and Early Medieval Art*, Leipzig 1964.

Buchtal 1957   H. Buchtal, *Miniature Painting in the Latin Kingdom of Jerusalem*, Oxford 1957.

Byzantine Art, 1964   *Byzantine Art, A European Art, 9th Exhibition of the Council of Europe, Zappeion Exhibition Hall (April 1st-June 15th 1964)*, Exhibition Catalogue, Athens 1964.

Cattapan 1977   M. Cattapan, I pittori Pavia, Rizo, Zafuri da Candia e Papadopoulo dalla Canea, *Θησαυρίσματα* 14 (1977), 199-239.

Chatzidakis 1965   M. Chatzidakis, Ikonen aus Griechenland, στο K. Weitzmann, M. Chatzidakis, K. Miatev, S. Radojčić, *Frühe Ikonen, Sinai, Griechenland, Bulgarien, Jugoslawien*, Beograd-Sofia-Wien 1965, XXI-XL.

Chatzidakis - Grabar 1965   M. Chatzidakis - A. Grabar, *La peinture byzantine et du Haut Moyen Age*, Paris 1965.

Chatzidakis 1966   M. Chatzidakis, Les icônes de Grèce, στο K. Weitzmann, M. Chatzidakis, K. Miatev, S. Radojčić, *Icônes, Sinai, Grèce, Bulgarie, Yougoslavie*, Austria-France-Yugoslavia 1966, XXI-XL.

Chatzidakis 1970   M. Chatzidakis, *Musée Byzantin Athènes, Icônes*, ed. Apollo, Paris 1970.

Chatzidakis s.a.   M. Chatzidakis, *Das Byzantinische Museum von Athen, Ikonen*, ed. Apollo, s.a.

Chatzidakis 1976   M. Chatzidakis, L'évolution de l'icône aux XIe-XIIIe siècles et la transformation du templon, *Actes du XVe congrès international d'Etudes Byzantines, Athènes 1976*, I. Rapports et Co-Rapports, 1979, 333-366.

Chatzidakis 1980	M. Chatzidakis, The Icons of Greece, στο K. Weitzmann, M. Chatzidakis, S. Radojčić, *Icons*, New York 1980, 61-136.
Chatzidakis 1981	M. Chatzidakis - G. Babić, Le icone della penisola balcanica e delle isole greche, στο K. Weitzmann, G. Alibegašvili, A. Volskaja , G. Babić, M. Chatzidakis, M. Alpatov, T. Voinescu, *Le Icone*, Milano 1981, 129-143.
Chatzidakis 1982	M. Chatzidakis - G. Babić, Les icônes de la péninsule balkanique et des îles grecques, στο K. Weitzmann, G. Alibegašvili, A. Volskaja, G. Babić, M. Chatzidakis, M. Alpatov, T. Voinescu, *Les icônes*, Paris 1982, 129-142.
Chatzidakis 1983	M. Chatzidakis, Les icônes de Grèce, στο K. Weitzmann, M. Chatzidakis, S. Radojčić, *Le grand livre des icônes*, Paris 1983, 63-134.
N. Chatzidakis 1986	N. Chatzidakis, *Affreschi e icone*, 1986, no. 49.
N. Chatzidakis 1987	N. Chatzidakis, *From Byzantium to El Greco*, 1987, no. 31.
N. Chatzidakis 1988	N. Chatzidakis, *Holy Image - Holy Space*, 1988, no. 41.
Demus 1984	O. Demus, *The Mosaics of San Marco in Venice*, I, Text, Washington 1984.
Der Nersessian 1975	S. Der Nersessian, Program and Iconography of Pareclesion, *The Kariye Djami*, ed. P.A. Underwood, 4, Princeton, New Jersey 1975, 303-349.
Djurić 1961	V.J. Djurić, *Icônes de Yougoslavie*, Belgrade 1961.
Djurić 1987	V.J. Djurić, Les miniatures du manuscrit parisinus graecus 1242 et le Hésychasme, *Recueil des rapports du IVe colloque serbo-grec, L'art de Thessalonique et des pays balkaniques et les courants spirituels au XIVe siècle*, Belgrade 1985, Belgrade 1987, 89-94.
Emmanuel 1993-1994	M. Emmanuel, Hairstyles and Headdresses of Empresses, Princesses and Ladies of the Aristocracy in Byzantium, *ΔXAE* IZ′ (1993-1994), 113-120.
Felicetti-Liebenfels 1956	W. Felicetti-Liebenfels, *Geschichte der byzantinischen Ikonenmalerei*, Olten und Lausanne 1956.
From Byzantium to El Greco, 1987	*From Byzantium to El Greco. Greek Frescoes and Icons*, London, Royal Academy of Arts (27th March-21st June 1987), Exhibition Catalogue, Athens 1987.
Gamulin 1974	Gr. Gamulin, La pittura su tavola nel tardo medioevo sulla costa orientale dell'Adriatico, *Venezia e il Levante fino al secolo XV*, II, Firenze 1974, 181-209.
Grabar 1963	A. Grabar, Byzance, *L'art byzantin du Moyen Age*, Paris 1963.
Hadermann-Misguich 1983	L. Hadermann-Misguich, Pelagonitissa et Kardiotissa: Variantes extrêmes du type Vierge de Tendresse, *Byzantion* 53 (1983), 9-16.
Hamman-MacLean - Hellensleben 1963	R. Hamann-MacLean - H. Hallensleben, *Die Monumentalmalerei in Serbien und Makedonien von 11. bis zum frühen 14. Jahrhundert*, Giessen 1963.
Holy Image - Holy Space, 1988	*Holy Image - Holy Space. Icons and Frescoes from Greece, Byzantine Museum of Athens, Baltimore, Walters Art Gallery (August 21 1988-January 14 1990)*, Exhibition Catalogue, Athens 1988.
Kreidl-Papadopoulos 1970	K. Kreidl-Papadopoulos, *Die Ikonen im Kunsthistorischen Museum in Wien*, repr. from *Jahrbuch der Kunsthistorischen Sammlungen in Wien* 66 (1970).
Lasareff 1931	V. Lasareff, Über eine neue Gruppe byzantinisch-venezianischer Trecento-Bilder, repr. from *Art Studies* 1931.
Millet - Frolow 1962	G. Millet - A. Frolow, *La peinture du Moyen Age en Yougoslavie (Serbie, Macédoine et Monténégro)*, III, Paris 1962.
Mouriki 1968	D. Mouriki, A Deësis Icon in the Art Museum, *Record of the Art Museum, Princeton University*, XXVII, 1 (1968), 13-28.
Mouriki 1985-1986	D. Mouriki, Thirteenth-Century Icon Painting in Cyprus, repr. from the *Griffon* N.S. 1-2 (1985-1986), Athens 1986.
Mouriki 1986	D. Mouriki, *Affreschi e icone*, 1986, no. 88.
Mouriki 1987α	D. Mouriki, A Thirteenth-Century Icon with a Variant of the Hodegetria in the Byzantine Museum of Athens, *DOP* 41 (1987), 403-414.

Mouriki 1987β	D. Mouriki, *From Byzantium to El Greco*, 1987, no. 54.
Mouriki 1988	D. Mouriki, *Holy Image - Holy Space*, 1988, no. 64.
Pallucchini 1966	R. Pallucchini, *Paolo Veneziano e il suo tempo, I maestri del colore*, no. 241, Milano 1966.
Patterson-Ševčenko 1993-1994	N. Patterson-Ševčenko, The Representation of Donors and Holy Figures on four Byzantine Icons, *ΔΧΑΕ* IZ′ (1993-1994), 157-164.
PG	*Patrolologiae cursus completus, Series graeca*, ed. J.-P. Migne, Paris 1857-1866.
Radojčić 1969	Sv. Radojčić, Geschichte der serbischen Kunst. Von der Anfängen bis zum Ende des Mittelalters, *Grundriss des slavischen Philologie und Kulturgeschichte*, Berlin 1969.
Rotili 1980	M. Rotili, *Arte Bizantina in Calabria e in Basilicata*, Cava dei Tirreni-Italia 1980.
Sotiriou 1930	G.A. Sotiriou, La sculpture sur bois dans l'art byzantin, *Mélanges Charles Diehl*, II, Paris 1930, 171-180.
Sotiriou 1932	G. Sotiriou, *Guide du Musée Byzantin d'Athènes*, Athènes 1932.
Sotiriou 1955	G. Sotiriou, *Guide du Musée Byzantin d'Athènes*, Athènes 1955.
Sotiriou 1962	G.A. Sotiriou, *A Guide to the Byzantine Museum of Athens*, Athens 1962.
Subotić 1971	G. Subotić, *L'école de peinture d'Ochrid au XV siècle*, Béograd 1971.
Talbot-Rice 1937	D. Talbot-Rice, *The Icons of Cyprus*, London 1937.
Talbot-Rice 1968	D. Talbot-Rice, *The Church of Haghia Sophia at Trebizond*, Edinburgh 1968.
Talbot-Rice 1974	D. Talbot-Rice - T. Talbot-Rice, *Icons and their Dating. A Comprehensive Study of their Chronology and Provenance*, London 1974.
Taylor 1979	J. Taylor, *Icon Painting*, Lingfield-Victoria 1979.
Vocotopoulos 1964[2]	P. Vocotopoulos, *Byzantine Art*, 1964, no. 186, 228, 237.
Weitzmann 1978	K. Weitzmann, *The Icon*, Chatto and Windus, London 1978.
Yon - Sers 1990	E. Yon - Ph. Sers, *Les saintes icônes, une nouvelle interprétation*, Paris 1990.

CATALOGUE

ΚΑΤΑΛΟΓΟΣ

DOUBLE-SIDED ICON
SIDE A: THE CRUCIFIXION
9th and 13th century
SIDE B: THE VIRGIN THE PAMMAKARISTOS
Early 16th century

1.

SIDE A The representation of the Crucifixion was discovered after cleaning the icon and in its present form comprises at least three different layers of painting.

The large wide Cross; the two angels with birds' legs, left and right of its vertical arm; the body of Christ; part of the initial and much smaller figure of Saint John, right, where his right hand in intercession can be seen; and part of the vessel held by the angel, the personification of the Church, which can be discerned behind the Virgin's left shoulder have survived from the earliest and original representation. X-ray examination of the work revealed that the two figures of Saint John and the Virgin, below the Cross, were painted over the effaced original figures, as was the face of Christ, except for the eyes which have survived from the earliest layer.

The original representation, to which as mentioned the angels with birds' legs belonged, is archaic in character and its dating is now being investigated, on the basis of stylistic and other traits. In M. Sotiriou's analytical publication of the icon it is dated to the late tenth or the early eleventh century, with the help of comparative iconographic, stylistic and historical evidence (Μ. Σωτηρίου 1959β, 135-143). However, for some reason this article neglects a significant piece of information included in G. Sotiriou's 1925 catalogue of the Byzantine Museum, namely that the icon comes from the Evangelistria Monastery in the Municipality of Peta, Thebes, and is none other than the Virgin of Skripou dated to the ninth century. This valuable information was evidently misconstrued over the years and the view formed that the icon comes from Peta in Epirus. This has affected the study of the work, the overpainting of which at least has been attributed to an Epirote workshop.

The entire Museum archive is now available to scholars and the strangely forgotten information that the icon comes from Skripou has re-emerged, prompting closer consideration of this important problem. Our view is that the icon is indeed from the Evangelistria Monastery in the Municipality of Thebes and was most probably transferred there from the neighbouring Byzantine church of Skripou. Study of the representation on the other side of the icon reinforces this conclusion, since the depiction of the Virgin in a variation of the type of the Hodegetria is attributed on stylistic and historical grounds to a Thebes workshop.

SIDE B The Virgin is depicted in bust with the Christ-Child, in the type of the Hodegetria. Above her right shoulder is the inscription: Η ΠΑΜΜΑ-ΚΑΡΙϹΤΟϹ (The All Blessed). She holds the Child in the left arm and brings the right onto her chest. Her figure deviates from that of the triumphal Virgin in the slight turn of her whole body and the slight inclination of her head towards Christ. However the representation mainly differs from the crystallized type of the Hodegetria in the pose, movement and aspect of the Child, who sits comfortably in his mother's right arm and turns his face towards her. He wears a himation that covers only his legs and a grey-blue sleeved chiton with a red sash cinching the waist. The two clavi on the shoulders are confused with the bands integral to the sash, which pass over the shoulders and are fitted more clearly in other representations. Christ's face is a perfect oval and his short curly hair begins high on the crown, leaving his high forehead bare.

The stylistic traits of the representation lead to the School at one time called Theban but which has recently been characterized as Epirote (Αχει-μάστου-Ποταμιάνου 1983). Among the principal characteristics of this painting is the modelling of the flesh with illumined planes on the pale transparent foundation and ochre-white brushstrokes, creating a very gentle effect. Distinctive of this School too are the deep undulating off-white lines defining the eyes below.

One of the examples related most closely to our icon is the Virgin Mesitria in the wall-paintings in the katholikon of the Varlaam Monastery at Meteora, the mural decoration of which is signed by Frangos Katelanos, well-known representative of the School and a proficient painter.

However, the most important feature of the icon of the Pammakaristos is its iconographic resemblance to the Byzantine mosaic icon from the Pammakaristos Monastery, now in the Patriarchate of Constantinople. This work, dated to the eleventh century, is considered to have been the monastery's palladium. The icon of the Pammakaristos in the Byzantine Museum, although at least five hundred years later, follows faithfully the type of the original, especially in the rendering of the Christ-Child with the exaggeratedly high forehead and the way in which he is clothed. The Byzantine mosaic icon also bore a halo in gesso-relief, as does ours.

Other traits associated with our icon link its provenance with Thebes and in all likelihood with the icon of Skripou. According to recent research the figure of the Pammakaristos, which is in fact painted on the other side of the Crucifixion, constitutes a later layer of overpainting that covers the earlier image of the Virgin, of which only the large eyes were discerned in the X-ray examination. So the original layer, traces of which are now hidden under the Pammakaristos, bore a representation of the Virgin that is in all probability contemporary with the Crucifixion.

It is thus concluded to say that when the earlier representation of the Virgin was overpainted it took the Virgin in the Pammakaristos Monastery as its model. Other data corroborate this view. According to historical sources, in 1530 the Patriarch of Constantinople, Jeremiah II, made an alms-seeking tour in Greece, in the course of which he visited Thebes, Livadia, Arta and Yannina, reaching as far as the Geromeri Monastery in Epirus.

A graffito on a column in Hosios Loukas records that the patriarch celebrated Mass there on Annunciation day 7031 (= 1530): ἐν ἐτεῖ ͵ζλη΄ ἦλθεν ὁ Ἰερεμίας ὁ πατριάρχης ἐν τῇ ἁγία μονῇ ταύτῃ καὶ ἐλειτούργησεν τὸν Εὐαγγελισμὸν and a graffito on the epithema of a column in the Parigoritissa in Arta mentions that he blessed the water there: ἐποίησεν ἁγιασμόν (Ὀρλάνδος 1963, 160-161, pl. 154).

It has been demonstrated on stylistic grounds that the icon in the Byzantine Museum, which is moreover accompanied by the historical testimony that it comes from Thebes, and the icon in Arta, which also reproduces the type of the Pammakaristos, are contemporary with the period of Jeremiah's progress (Μπαλτογιάννη 1991α, 24).

Although there are no relevant testimonies from Yannina, the figure of the Pammakaristos is known to exist — in an enthroned Virgin with the same eponym — in the Philanthropinon Monastery (Βοκοτόπουλος 1990, 25). The above information strongly suggests that Patriarch Jeremiah must have seen the Skripou icon when he visited Thebes and that it was overpainted under his auspices.

Dim. 0,87×0,63 m.

T 157 α

BIBLIOGRAPHY Σωτηρίου 1924α, 97, fig. 31. Σωτηρίου 1931², 78, fig. 34. Sotiriou 1932, 91, fig. 47. Μαργαριτώφ 1959, 144-148, fig. 1-2. Μ. Σωτηρίου 1959β, 135-143, pl. 54-57. Χατζηδάκης 1960, 11, pl. 7. Sotiriou 1962, 17, pl. XII. Βοκοτόπουλος 1964, 204. Vocotopoulos 1964², 244, 245. Chatzidakis 1965, XXV, LXXXIII, fig. pp. 44, 45, 46. Chatzidakis 1966, XXV, LXXXIII, fig. pp. 44, 45, 46. Chatzidakis 1970, 67, pl. pp. 19, 21. Χατζηδάκης 1974, 335-336, fig. 15. Chatzidakis s.a., 21, pl. 1. Taylor 1979, fig. pp. 8, 9. Chatzidakis 1980, 66, 224, fig. pp. 92, 93. Χατζηδάκη 1981, 87-88. Chatzidakis 1983, 66, 224, fig. pp. 92, 93, 99. Χατζηδάκη 1985-1986, 215, 220, 221, 222, 229, 232, fig. 1, 2, 23, 24. Μπαλτογιάννη 1991α, 24.

ΑΜΦΙΠΡΟΣΩΠΗ ΕΙΚΟΝΑ
Α΄ ΟΨΗ: Η ΣΤΑΥΡΩΣΗ
9ος και 13ος αι.
Β΄ ΟΨΗ: Η ΠΑΝΑΓΙΑ Η ΠΑΜΜΑΚΑΡΙΣΤΟΣ
Αρχές 16ου αι.

1.

Α΄ΟΨΗ Η παράσταση της Σταύρωσης αποκαλύφθηκε μετά από τον καθαρισμό της εικόνας, και στη σημερινή μορφή της παρουσιάζει τρία τουλάχιστον διαφορετικά στρώματα ζωγραφικής.

Από το παλαιότερο και αρχικό στρώμα της εικόνας σώζεται ο μεγάλος και πλατύς Σταυρός, οι δύο άγγελοι με πόδια πουλιών αριστερά και δεξιά από την κεντρική κεραία του, το σώμα του Χριστού, ένα μέρος από την αρχική και πολύ μικρότερη μορφή του Ιωάννη δεξιά και κάτω από το Σταυρό, όπου διακρίνεται το δεξιό χέρι του σε δέηση, και τμήμα από το δοχείο που κρατούσε άγγελος ή προσωποποίηση της Εκκλησίας, το οποίο διακρίνεται πίσω από τον αριστερό ώμο της Παναγίας. Οι μορφές του Ιωάννη και της Παναγίας κάτω από το Σταυρό αποτελούν επιζωγράφηση που κάλυψε τις φθαρμένες, όπως εντοπίστηκε στην ακτινογραφία του έργου, αρχικές μορφές, καθώς και το πρόσωπο του Χριστού που κάλυψε τα ίχνη του αρχικού.

Η αρχική παράσταση, στην οποία, όπως προαναφέρθηκε, ανήκουν και οι άγγελοι με πόδια πουλιού, δηλώνει αρχαϊκή παράσταση, η χρονολόγηση της οποίας εξετάζεται τώρα τόσο από τα τεχνοτροπικά χαρακτηριστικά της όσο και από άλλα στοιχεία της εικόνας. Σύμφωνα με την τελευταία αναλυτική δημοσίευση του έργου η εικόνα χρονολογείται στα τέλη του 10ου ή στις αρχές του 11ου αιώνα με τη βοήθεια συγκριτικών εικονογραφικών, τεχνοτροπικών και ιστορικών στοιχείων (Μ. Σωτηρίου 1959β, 135-143). Σημαντική όμως πληροφορία που είχε καταχωρηθεί από τον Γ. Σωτηρίου στον κατάλογο του Μουσείου το 1925 και που φαίνεται ότι για κάποιους λόγους δεν χρησιμοποιήθηκε, αναθεωρεί την παραπάνω τοποθέτηση και χρονολογεί το έργο στον 9ο αιώνα. Η πολύτιμη αυτή πληροφορία αναφέρει ότι η εικόνα προέρχεται από τη μονή Ευαγγελιστρίας του Δήμου Πέτας Θηβών και αποτελεί την ίδια την εικόνα της Σκριπούς. Η είδηση με τα χρόνια παραποιήθηκε και διαμορφώθηκε σε είδηση ότι η εικόνα προέρχεται από το Πέτα της Ηπείρου. Αυτό επηρέασε και την έρευνα του έργου, η επιζωγράφηση τουλάχιστον του οποίου αποδόθηκε σε εργαστήριο της Ηπείρου.

Σήμερα, που η έρευνα έχει στη διάθεσή της όλο το αρχείο του Μουσείου, επανέρχεται στην περιέργως ξεχασμένη είδηση ότι η εικόνα προέρχεται από τη Σκριπού, και εξετάζεται περισσότερο το σημαντικό αυτό πρόβλημα. Από τώρα αναφέρουμε ότι η εικόνα προέρχεται από τη μονή Ευαγγελιστρίας του Δήμου Πέτας των Θηβών και πιθανότατα είχε μεταφερθεί εκεί από τη γειτονική βυζαντινή εκκλησία της Σκριπούς. Στο τελευταίο συμπέρασμα βοήθησε και η έρευνα της άλλης όψης της εικόνας, στην οποία εικονίζεται η Παναγία σε παραλλαγή του τύπου της Οδηγήτριας και η οποία, σύμφωνα με τα τεχνοτροπικά και ιστορικά στοιχεία της, αποδίδεται σε εργαστήριο των Θηβών.

Β΄ ΟΨΗ Η Παναγία εικονίζεται, όπως σημειώθηκε και προηγουμένως, σε προτομή και βρεφοκρατούσα, στον τύπο της Οδηγήτριας. Πάνω από το δεξιό ώμο της η επιγραφή: *Η ΠΑΜΜΑΚΑΡΙCΤΟC*. Κρατεί το παιδί στο αριστερό χέρι και φέρνει το δεξιό μπροστά στο στήθος.

Τα στοιχεία που δημιουργούν απόκλιση από την παράσταση της θριαμβικής Παναγίας επικεντρώνονται στην ελαφρά στροφή της όλης μορφής προς τον Χριστό και στο ελαφρά επίσης γερμένο κεφάλι της προς αυτόν. Κυρίως όμως αποκλίνει από τον παγιωμένο τύπο της Οδηγήτριας με τη στάση, την κίνηση και τη διαφορετική παρουσία του παιδιού. Ο Χριστός κάθεται άνετα στο αριστερό χέρι της μητέρας του και γυρίζει το πρόσωπο προς αυτή. Φορεί χειριδωτό χιτώνα και ιμάτιο που σκεπάζει μόνο τα πόδια του. Κόκκινη ζώνη σφίγγει τον κορμό του παιδιού πάνω από το γκριζογάλανο χιτώνα του και τα δύο σήματα των ώμων συγχέονται με τις σύμφυτες ταινίες της ζώνης, που περνούν πάνω από τους ώμους και που εφαρμόζονται καθαρότερα σε άλλες παραστάσεις. Το πρόσωπό του είναι εντελώς ωοειδές και τα κοντά σγουρά μαλλιά του αρχίζουν από πολύ ψηλά αφήνοντας εντελώς ακάλυπτο το μεγάλο μέτωπό του.

Τα τεχνοτροπικά στοιχεία της παράστασης οδηγούν στην άλλοτε γνωστή σχολή των Θηβαίων, που πρόσφατα χαρακτηρίστηκε ηπειρωτική (Αχειμάστου-Ποταμιάνου 1983). Από τα κύρια χαρακτηριστικά αυτής της ζωγραφικής είναι τα ολόφωτα πλασίματα στα σαρκώματα με ανοιχτούς λαζουράτους προπλασμούς και ωχρόλευκα περάσματα που κάνουν τη μορφή εξαιρετικά αβρή. Από τα γνωστά επίσης ζωγραφικά μέσα αυτής της σχολής είναι και οι βαθιά κυματιστές υπόλευκες γραμμές που ορίζουν το κάτω μέρος των ματιών.

Από τα συγγενέστερα προς τη ζωγραφική της εικόνας μας παραδείγματα είναι η τοιχογραφημένη παράσταση της Παναγίας Μεσήτριας στο καθολικό της μονής Βαρλαάμ, ο τοιχογραφημένος διάκοσμος του οποίου υπογράφεται από τον Φράγγο Κατελάνο, γνωστό εκπρόσωπο της σχολής και ικανό ζωγράφο.

Το σημαντικό στοιχείο που εμφανίζει η εικόνα της Παμμακαρίστου είναι η εικονογραφική ομοιότητά της με τη βυζαντινή ψηφιδωτή εικόνα της μονής της Παμμακαρίστου, τώρα στο Πατριαρχείο της Κωνσταντινούπολης. Η εικόνα αυτή χρονολογήθηκε στον 11ο αιώνα και θεωρήθηκε ότι αποτελεί την αρχική εικόνα της μονής. Η κατά πέντε τουλάχιστον αιώνες μεταγενέστερη εικόνα της Παμμακαρίστου στο Βυζαντινό Μουσείο φαίνεται να παρακολουθεί πιστά τον τύπο της αρχικής εικόνας και ιδιαίτερα στη συγκεκριμένη απόδοση του παιδιού με το μεγάλο μέτωπο και κυρίως με τον τρόπο που αυτό είναι ντυμένο. Η ψηφιδωτή βυζαντινή εικόνα έφερε επιπλέον ανάγλυφο φωτοστέφανο από stucco, το οποίο φέρει επίσης και η εικόνα μας.

Άλλα επίσης στοιχεία που σχετίζονται με την εικόνα μας συνδέουν την προέλευσή της με τη Θήβα και πιθανότατα με την ίδια την εικόνα της Σκρι-

πούς. Σύμφωνα με τελευταίες έρευνες η παράσταση της Παμμακαρίστου, που γράφεται τώρα στην άλλη πλευρά της Σταύρωσης, αποτελεί μεταγενέστερο στρώμα επιζωγράφησης που καλύπτει, όπως φαίνεται από την ακτινογραφία της, παλαιότερη παράσταση της Παναγίας από την οποία διακρίνονται εκεί μόνο τα μεγάλα μάτια της. Επομένως το αρχικό στρώμα, που ίχνη του τώρα κρύβονται κάτω από την Παμμακάριστο, έφερε παράσταση της Παναγίας και πιθανότατα σύγχρονη με την αρχική Σταύρωση.

Συμπερασματικά θα λέγαμε ότι, όταν η παράσταση της Παναγίας επιζωγραφίστηκε, είχε πρότυπο την Παναγία της μονής Παμμακαρίστου. Στο τελευταίο βοηθούν και άλλα στοιχεία. Σύμφωνα με ιστορικές πηγές ο πατριάρχης Κωνσταντινουπόλεως Ιερεμίας ο Β' το 1530 κάνει πορεία ζητείας στην Ελλάδα και επισκέπτεται τη Θήβα, τη Λειβαδιά, την Άρτα, τα Γιάννενα και φθάνει μέχρι τη μονή Γηρομερίου της Ηπείρου.

Από αυτή την πορεία σώζεται χάραγμα σε κίονα του Όσιου Λουκά, σύμφωνα με το οποίο ο πατριάρχης λειτούργησε εκεί την ημέρα του Ευαγγελισμού: *ἐν ἔτει ‚ζλη΄ ἦλθεν ὁ Ἱερεμίας ὁ πατριάρχης ἐν τῇ ἁγίᾳ μονῇ ταύτῃ καὶ ἐλειτούργησεν τὸν Εὐαγγελισμόν*. Από την επίσκεψη επίσης του πατριάρχη στην Άρτα σώζεται χάραγμα σε επίθημα κιονίσκου στην Παρηγορήτισσα, όπου αναφέρει ότι ο πατριάρχης *ἐποίησεν ἁγιασμόν* (Ορλάνδος 1963, 160-161, πίν. 154).

Σύγχρονες όμως με την εποχή της πορείας του Ιερεμίου, όπως αποδεικνύεται και από τα τεχνοτροπικά χαρακτηριστικά τους, είναι η εικόνα του Βυζαντινού Μουσείου που επιπλέον συνοδεύεται από ιστορική μαρτυρία ότι προέρχεται από τη Θήβα, η εικόνα της Άρτας που παρακολουθεί πιστά τον τύπο της Παμμακαρίστου και από τα ιδιαίτερα, επίσης, τεχνοτροπικά στοιχεία της μπορεί να χρονολογηθεί την εποχή της λειτουργίας του πατριάρχη στην Παρηγορήτισσα της Άρτας (Μπαλτογιάννη 1991α, 24).

Από τα Γιάννενα δεν έχουμε σχετικές μαρτυρίες, γνωρίζουμε όμως ότι υπάρχει η μορφή της Παμμακαρίστου σε ένθρονη τώρα Παναγία με την ίδια επωνυμία στη μονή των Φιλανθρωπηνών (Βοκοτόπουλος 1990, 25). Τα παραπάνω τουλάχιστον σημαίνουν ότι ο πατριάρχης Ιερεμίας, όταν επισκέφθηκε τη Θήβα, πρέπει να είδε την εικόνα της Σκριπούς και με δική του φροντίδα φαίνεται να επιζωγραφίστηκε.

Διαστ. 0,87×0,63 μ.

Τ 157 α

ΒΙΒΛΙΟΓΡΑΦΙΑ Σωτηρίου 1924α, 97, εικ. 31. Σωτηρίου 1931², 78, εικ. 34. Sotiriou 1932, 91, εικ. 47. Μαργαριτώφ 1959, 144-148, εικ. 1-2. Μ. Σωτηρίου 1959β, 135-143, πίν. 54-57. Χατζηδάκης 1960, 11, πίν. 7. Sotiriou 1962, 17, πίν. XII. Βοκοτόπουλος 1964, 204. Vocotopoulos 1964², 244, 245. Chatzidakis 1965, XXV, LXXXIII, εικ. σ. 44, 45, 46. Chatzidakis 1966, XXV, LXXXIII, εικ. σ. 44, 45, 46. Chatzi-dakis 1970, 67, πίν. σ. 19, 21. Χατζηδάκης 1974, 335-336, εικ. 15. Chatzidakis s.a., 21, πίν. 1. Taylor 1979, εικ. σ. 8, 9. Chatzidakis 1980, 66, 224, εικ. σ. 92, 93. Χατζηδάκη 1981, 87-88. Chatzidakis 1983, 66, 224, εικ. σ. 92, 93, 99. Χατζηδάκη 1985-1986, 215, 220, 221, 222, 229, 232, εικ. 1, 2, 23, 24. Μπαλτογιάννη 1991α, 24.

THE VIRGIN OF TENDERNESS
12th century

2

Until 1976 this valuable icon was obscured by a splendid but later representation of the Virgin of Tenderness or Glykophilousa. Laboratory examination and X-ray photographs of the work indicated that not only was there an earlier Byzantine layer underneath but also that the greater part of it was preserved and attested an important Byzantine representation.

After full documentation of the icon's condition, it was decided to remove the later layer and transfer it to a specially prepared wooden panel, the exact dimensions of the representation. This task was undertaken by Stavros Baltoyannis in the conservation laboratory of the Byzantine Museum. The subject of the work revealed beneath was the same as on the later layer: the Virgin of Tenderness, but with the Christ-Child on her left arm. The image was quite extensively damaged, which had necessitated its overpainting at some time. Today the icon discovered after the removal of the overpainting is exhibited. According to its stylistic and other traits it is an important work of the twelfth century.

The Virgin is depicted in a variation of the type of the Glykophilousa, very close to the type of the Virgin of Kykkos. Her right hand passes under the Child's armpit, embraces his body and draws him close to her so that her face tenderly touches his. The semi-recumbent child is supported below by her left arm that passes between his parted bare legs.

Christ is clad in a grey-blue sleeveless chiton girdled round the waist by a red wavy sash, held in place by two integral straps that pass over his shoulders. His right arm hangs freely and he holds a red closed scroll horizontally in the hand, while with the left hand he fondles his mother's chin.

The iconography of the Christ-Child associates him with the type of the Virgin of Kykkos (Mouriki 1985-1986, 27. Baltoyianni 1994, 82), with the bare legs crossed high on the thighs, the torso turned three-quarters towards the beholder, the dangling arm. His attire is also similar, with the sleeveless chiton and the himation fallen around the waist.

The main deviation from the Comnenian icon in the Kykkos Monastery, at least as it is known from exact copies (Mouriki 1985-1986, op. cit.), is in the position of Christ's face. In our icon it is turned towards the Virgin whereas in the type of the Virgin of Kykkos it is turned towards the viewer. This iconographic deviation creates the feeling that the type in the Byzantine Museum icon cleaves more faithfully to the crystallized iconography of the Virgin of Tenderness.

In addition to the above, our icon displays special characteristics that distance it from a workshop in Constantinople and veer more to the region of Macedonia, from where it comes. Of these features we note here the silver ground and the small range of colours, prepared from coarse-grained pigments, essentially restricted to purple and sienna, complemented by a few added brushstrokes of red and blue. Furthermore, the colours are applied without modelling and burnishing, and the effect is flat. A few superficial lines describe the folds of the garments and black outlines indicate the fingers.

Among the rather uncommon features of the representation are the Child's anticlassical physiognomy, with the large bare forehead, the long hair falling untidily on the nape of the neck and the red sash with the integral red straps passing over the shoulders. The figure of the Virgin, more classical in aspect, has narrow dark eyes and dull off-white highlights on the ochre brown foundation.

It is worth noting here that some of these distinctive iconographic and stylistic traits—and indeed significant ones — are encountered in representations from around 1200 with pronounced western elements.

The Child's red wavy sash, which is an alien or at least rare element in Byzantine iconography, is also observed on Christ — there as Emmanuel enthroned — in a miniature in the gospel book of the Serb prince Bukan, no. F.P. 1, 82 in the Publiscaja Library in Saint Petersburg (Radjočić 1969, 15, pl. 8). Despite the Byzantine traits of the miniature in the Serb codex, its atmosphere is rather Romanian and it includes elements also encountered in the figure of Christ in the Byzantine Museum icon of the Virgin and Child (Cat. no. 3), such as the manner of rendering the Child's large bare protruding legs. The same red wavy sash around Christ's waist also occurs in the thirteenth-century icon of the Galaktotrophousa (Suckling) Madonna del Pilerio, in the Palazzo Archivescovile, Cosenza (Rotili 1980, 163, pl. LXVII).

Notwithstanding the above remarks, we consider that the Virgin of Tenderness in the Byzantine Museum is a Byzantine iconographic creation of the time of the Comnenos dynasty, contemporary with or slightly later than the Virgin of Kykkos, which appeared in the region of Macedonia, where there was no lack of western influences in this period. This assessment is corroborated by important examples of the representation that are located from the early fourteenth century in the wider region of Macedonia. We cite here the wall-painting in Hagios Alypios, Kastoria (Ορλάνδος 1938, 173-175, fig. 177. Πελεκανίδης 1953, pl. 178. Τσιγαρίδας 1992, 655), the icon in the Philotheou Monastery (Τσιγαρίδας 1992, 654), the Virgin of Treskavatz (Subotić 1971, fig. 28), the representation in the Rasiotissa church, Kastoria (Γούναρης 1978, 157). The icon's provenance leads to this area too, for according to information in the Byzantine Museum archive, it comes from Thessaloniki.

Dim. 1,15×0,715 m.

T 137

CONSERVATION St. Baltoyiannis (1966, 1974) and V. Galakou (1998).

BIBLIOGRAPHY Σωτηρίου 1931², 77. Sotiriou 1932, 90, fig. 57. Sotiriou 1955, 19, pl. XXI. Felicetti-Liebenfels 1956, 90, pl. 112. Sotiriou 1962, 20, pl. XIX. Χατζηδάκης 1966, 17-18, pl. 9α, 9β, note 4. Χατζηδάκης 1967, 17. Μιχαηλίδης 1970, 17, pl. 13α-β. Πάλλας 1971, 244, 245, 251, 257, pl. 60. Χατζηδάκης 1972, 122-124, 136, pl. 43. Καλοκύρης 1972β, 98, 161, 164-166, pl. 32. Chatzidakis 1976, 360, pl. XLVI, 22. Χατζηδάκη 1981, 87-88. Hadermann-Misguich 1983, 11-12, pl. 1, fig. 2. Μπαλτογιάννη 1985, 48. Αχειμάστου-Ποταμιάνου 1985, 85. Χατζηδάκης 1984, 15, fig. 4, pl. 4. Baltoyanni 1986, 46. Μπαλτογιάννη 1991-1992, 224-225, fig. 5. Παναγιωτίδη 1992, 463-464, pl. 238β. Τούρτα 1992, 611. Τσιγαρίδας 1992, 654, pl. 354. Αχειμάστου-Ποταμιάνου 1997, 48.

Η ΠΑΝΑΓΙΑ ΓΛΥΚΟΦΙΛΟΥΣΑ

12ος αι.

Η πολύτιμη αυτή εικόνα έφερε μέχρι το 1976 μία λαμπρή αλλά μεταγενέστερη παράσταση της Παναγίας Γλυκοφιλούσας, η οποία κάλυπτε, όπως απέδειξε η εργαστηριακή έρευνα, παλαιότερη βυζαντινή παράσταση.

Η εργαστηριακή επίσης έρευνα, όπως και η ακτινογραφική εξέταση, έδειξε ότι το παλαιότερο βυζαντινό στρώμα είχε διατηρηθεί σε μεγάλο μέρος και ότι μαρτυρούσε σημαντική βυζαντινή παράσταση.

Μετά από την πλήρη τεκμηρίωση της όλης κατάστασης της εικόνας αποφασίστηκε να αποκολληθεί το νεότερο στρώμα, το οποίο τελικά αποκολλήθηκε ακέραιο και μεταφέρθηκε σε άλλο παλαιό και ειδικά προετοιμασμένο ξύλο. Η παράσταση που αποκαλύφθηκε έδειξε το ίδιο θέμα που είχε η επιζωγράφηση, με την Παναγία τώρα αριστεροκρατούσα, και έφερε αρκετές φθορές, οι οποίες και υπαγόρευσαν κάποτε την επιζωγράφησή της. Σήμερα την Έκθεση κοσμεί η εικόνα που αποκαλύφθηκε μετά την απομάκρυνση της επιζωγράφησης και σύμφωνα με τα τεχνοτροπικά και άλλα χαρακτηριστικά της αποτελεί σημαντικό έργο του 12ου αιώνα.

Η Παναγία εικονίζεται σε παραλλαγή του τύπου της Γλυκοφιλούσας πολύ κοντά στον τύπο της Κυκκώτισσας. Με το δεξιό χέρι της περασμένο κάτω από τη μασχάλη του παιδιού περιβάλλει τον κορμό του και το φέρνει πολύ κοντά της, έτσι που το πρόσωπό της ακουμπά τρυφερά στο δικό του. Το μισοξαπλωμένο παιδί υποβαστάζεται και από το αριστερό της χέρι που περνάει μέσα από τα ανοιχτά και γυμνά πόδια του.

Ο Χριστός ντυμένος με γκριζογάλανο αχειρίδωτο χιτώνα φέρει κόκκινη κυματιστή ζώνη που περιβάλλει τη μέση του και η οποία συγκρατείται από δύο σύμφυτους ιμάντες που περνούν πάνω από τους ώμους του. Το δεξιό χέρι του αφήνει ελεύθερο να κρέμεται κρατώντας σε οριζόντια διάταξη κόκκινο κλειστό ειλητάριο και με το αριστερό αγγίζει το πηγούνι της μητέρας του.

Εικονογραφικά η παράσταση σχετίζεται με τον τύπο της Παναγίας του Κύκκου (Mouriki 1985-1986, 27. Μπαλτογιάννη 1994, 82) με τα γυμνά πόδια του σταυρωμένα ψηλά στους μηρούς, τον κορμό γυρισμένο κατά τα τρία τέταρτα προς το θεατή, με το χέρι του αφημένο προς τα κάτω. Όμοια, επίσης, και στις δύο παραστάσεις είναι ντυμένο το παιδί με τον αχειρίδωτο χιτώνα και το πεσμένο στη μέση του ιμάτιο.

Η κυριότερη απόκλιση από την παράσταση της κομνήνειας εικόνας της μονής του Κύκκου, όπως τουλάχιστον τη γνωρίζουμε από πιστά αντίγραφά της, είναι κυρίως το γυρισμένο πρόσωπο του παιδιού προς την Παναγία, σε αντίθεση με τον τύπο της Παναγίας του Κύκκου, όπου το παιδί έχει το πρόσωπο γυρισμένο προς τον προσκυνητή. Η αίσθηση που προκύπτει από αυτή την εικονογραφική απόκλιση είναι ότι ο τύπος της εικόνας του Βυζαντινού Μουσείου μένει πιστότερος στην παγιωμένη εικονογραφία της Γλυκοφιλούσας Παναγίας.

Πέρα από τα παραπάνω η παράσταση παρουσιάζει και ιδιαίτερα χαρακτηριστικά που απομακρύνουν το έργο από εργαστήριο της Κωνσταντινούπολης και οδηγούν περισσότερο στο μακεδονικό χώρο από τον οποίο προέρχεται και η εικόνα. Από τα ιδιαίτερα στοιχεία της σημειώνονται εδώ το ασημένιο βάθος και η μικρή κλίμακα των χρωμάτων που περιορίζεται στο πορφυρό και τη σιέννα, με λίγες πρόσθετες πινελιές από το κόκκινο και το γαλάζιο που λειτουργούν συμπληρωματικά.

Επιπλέον τα χρώματα χρησιμοποιούνται χωρίς πλασίματα και στιλβώματα, είναι χονδρόκοκκα και επίπεδα. Λίγες επιπόλαιες γραμμές γράφουν τις πτυχές των ρούχων, μαύρα περιγράμματα ορίζουν τα δάχτυλα των χεριών.

Στα όχι κοινά χαρακτηριστικά της παράστασης εντάσσονται και η αντικλασική φυσιογνωμία του παιδιού με το μεγάλο γυμνό μέτωπο, τα μακριά μαλλιά που πέφτουν άτακτα στον αυχένα του και η κόκκινη ζώνη με τους σύμφυτους κόκκινους ιμάντες που περνούν πάνω από τους ώμους. Κλασικότερη η μορφή της Παναγίας χαρακτηρίζεται από τα στενά σκοτεινά μάτια της και τα θαμπά ωχρόλευκα φωτίσματα πάνω στον ωχροκάστανο προπλασμό.

Αξίζει εδώ να σημειωθεί ότι κάποια και σημαίνοντα από τα ιδιαίτερα αυτά εικονογραφικά και τεχνοτροπικά χαρακτηριστικά εντοπίζονται σε παραστάσεις που χρονολογούνται γύρω στο 1200 και φέρουν έντονα δυτικά στοιχεία.

Η σε κυματιστή μορφή κόκκινη ζώνη του παιδιού, που αποτελεί ξένο ή τουλάχιστον σπάνιο στοιχείο της βυζαντινής εικονογραφίας, περιβάλλει επίσης τη μέση του Χριστού, εκεί ένθρονου Εμμανουήλ, σε μικρογραφία του ευαγγελίου του σέρβου ηγεμόνα Βουκάν αριθ. F.P. 1, 82 της Publiscaja Βιβλιοθήκης της Αγίας Πετρούπολης (Radojčić 1969, 15, πίν. 8). Η μικρογραφία του σέρβικου χειρογράφου, παρά τα βυζαντινά χαρακτηριστικά της, αποπνέει ρωμάνικη ατμόσφαιρα με στοιχεία μάλιστα που εντοπίζονται και στον Χριστό της βρεφοκρατούσας Παναγίας στην εικόνα του Βυζαντινού Μουσείου (αριθ. Κατ. 3) με τα εξαιρετικά προβαλλόμενα μεγάλα και γυμνά πόδια του παιδιού που στη μικρογραφία του χειρογράφου αποδίδονται με τον ίδιο τρόπο.

Η ίδια κόκκινη κυματιστή ζώνη γύρω από τη μέση του παιδιού χαρακτηρίζει και την παράσταση του Χριστού στη Γαλακτοτροφούσα Madonna del Pilerio του 13ου αιώνα στο Palazzo Archivescovile της Cosenza (Rotili 1980, 163, πίν. LXVII).

Παρά τα παραπάνω, τη Γλυκοφιλούσα Παναγία του Βυζαντινού Μουσείου θα θεωρούσαμε βυζαντινή εικονογραφική δημιουργία της εποχής των Κομνηνών παράλληλη ή λίγο μεταγενέστερη εκείνης της Παναγίας του Κύκκου που εμφανίζεται στο χώρο της Μακεδονίας, από όπου δεν λείπουν και οι δυτικές επιδράσεις αυτή την εποχή.

Η τελευταία εκτίμηση συνεπικουρείται και από σημαντικά δείγματα της παράστασης που εντοπίζονται από τις αρχές του 14ου αιώνα στον ευρύτερο μακεδονικό χώρο. Σημειώνονται εδώ η τοιχογραφημένη παράσταση στον Άγιο Αλύπιο της Καστοριάς (Ορλάνδος 1938, 173-175, εικ. 117. Πελεκανίδης 1953, πίν. 178. Τσιγαρίδας 1992, 655), η εικόνα με το ίδιο θέμα της μονής Φιλοθέου (Τσιγαρίδας 1992, 654), η Παναγία του Treskavatz (Subotić 1971, εικ. 28) και η ίδια παράσταση στη Ρασιώτισσα της Καστοριάς (Γούναρης 1978, 157).

Στον ίδιο χώρο οδηγεί και η προέλευση της εικόνας που σύμφωνα με τις πληροφορίες του αρχείου του Βυζαντινού Μουσείου προέρχεται από τη Θεσσαλονίκη.

Διαστ. 1,15×0,715 μ.

Τ 137

ΣΥΝΤΗΡΗΣΗ Στ. Μπαλτογιάννης (1966, 1974) και Β. Γαλάκου (1998).

ΒΙΒΛΙΟΓΡΑΦΙΑ Σωτηρίου 1931², 77. Sotiriou 1932, 90, εικ. 57. Sotiriou 1955, 19, πίν. XXI. Felicetti-Liebenfels 1956, 90, πίν. 112. Sotiriou 1962, 20, πίν. XIX. Χατζηδάκης 1966, 17-18, πίν. 9α, 9β, σημ. 4. Χατζηδάκης 1967, 17. Μιχαηλίδης 1970, 17, πίν. 13α-β. Πάλλας 1971, 244, 245, 251, 257, πίν. 60. Χατζηδάκης 1972, 122-124, 136, πίν. 43. Καλοκύρης 1972β, 98, 161, 164-166, πίν. 32. Chatzidakis 1976, 360, πίν. XLVI, 22. Χατζηδάκη 1981, 87-88. Hadermann-Misguich 1983, 11-12, πίν. 1, εικ. 2. Μπαλτογιάννη 1985, 48. Αχειμάστου-Ποταμιάνου 1985, 85. Χατζηδάκης 1984, 15, εικ. 4, πίν. 4. Baltoyanni 1986, 46. Μπαλτογιάννη 1991-1992, 224-225, εικ. 5. Παναγιωτίδη 1992, 463-464, πίν. 238β. Τούρτα 1992, 611. Τσιγαρίδας 1992, 654, πίν. 354. Αχειμάστου-Ποταμιάνου 1997, 48.

THE VIRGIN HODEGETRIA
Early 13th century

The Virgin is depicted in bust and holding the Christ-Child, in a variation of the type of the Hodegetria. The main differentiating features of the image here lie in the pose and movement of Christ in his mother's arms, and the interesting detail of the Virgin's right hand, which holds the Child's bare ankle between the thumb and index finger, where as in the iconographic type of the Hodegetria it is brought onto her chest with the fingers together.

The Child, large in size and mature in aspect, sits comfortably in the Virgin's left arm with his legs bare and crossed. His left hand clasps a large rolled red scroll, resting upright on his thigh, and his right extends in blessing. The elaborate drapery of his garments is quite alien to the established iconography of Christ in the Hodegetria. The cloth-of-gold himation is wrapped round the body, leaving the right shoulder bare, while below it forms soft, loose curvaceous folds around an elliptical opening, from which Christ's left leg projects.

Although uncommon in Byzantine iconography, most of the aforementioned traits are encountered in a small series of late twelfth- and early thirteenth-century icons, of which that of the Hodegetria at Moutoulla in Cyprus (Mouriki 1987α, 403-414, pl. 5) is the most closely akin ours. Indeed, on the basis of its stylistic and other associations with the Moutoulla icon — as well as in some points with other Cypriot icons and wall-paintings — the Byzantine Museum icon has been attributed to a Cypriot workshop (Mouriki 1987α, op. cit.). Certain iconographic and stylistic characteristics of the representation that deviate from the standard pictorial modes of Byzantine tradition have also been attributed to a Cypriot workshop of the early thirteenth century. Among these are Christ's red scroll and the pearl-edged bands on his chiton, the exaggerated drapery of the Virgin's maphorion under her left arm, the prominent collar-bones on both figures, as well as the special preparation of the back of the icon with linen and gesso, painted with horizontal parallel lines and vertical wavy hatching.

Further to the above, some observations perhaps indicative of the icon's workshop and date merit attention. The serious divergences from the classical Byzantine tradition of the twelfth century include the almost naive portrayal of the Child on a scale completely outside the Byzantine norm, or his odd, rather unnatural physiognomy, the unusual dressing of his long hair which does not hang freely but seems to be gathered at the nape of the neck, his fat legs and the peculiar arrangement of the drapery of the himation around the opening from which his left leg protrudes. None of these elements appears elsewhere, not even in the representation closest to our icon, of the Virgin of Moutoulla. Moreover, the lack of Greek inscriptions, both in the Byzantine Museum icon and the Moutoulla icon, also leads to some perhaps reasonable hypotheses.

If all the elements of the icon, and especially the vague decoration with vertical wavy hatching on the back of the panel, truly point to a Cypriot workshop and the work is dated in the early thirteenth century, then the view that Cyprus expressed itself in this strange artistic language because it was at that time under Lusignan rule and cut off from Byzantium, hardly suffices.

It has already been observed that the Hodegetria in the Byzantine Museum presents a composite iconography, incorporating traits from at least three types. Of these traits we note in particular the intriguing detail of the Child's ankle protected by the Virgin's hand, which is also known from the representation of the Virgin in the sanctuary apse in the Byzantine wall-paintings at Kurbinovo and is frequently applied in Romanian representations as well. The disproportionately large Christ-Child is another element of the same Romanian painting, the representation of it in the central apse of Castello Appiano (Bologna 1964, pl. 32) is a case in point.

The obvious misinterpretation of established iconographic traits important for their doctrinal meaning, such as the clavi on the shoulders of Christ's chiton, which are here rendered very large and in the form of braces of the sash, which too has not been understood by the painter, together with the unjustified lack of inscriptions and even the essential monograms of the two figures: M(HTHP) Θ(E)OY and I(HCOY)C X(PICTO)C, belie an artist who did not know Greek and was not conversant with Byzantine iconography. This hypothesis is bolstered by the dating of the work to the early thirteenth century, when Cyprus was a Lusignan kingdom.

In conclusion, we can say that the icon in the Byzantine Museum is not the work of a Byzantine painter but of an otherwise proficient foreign artist living in Cyprus in the time of the Lusignan sovereigns. He undertook the reproduction of a Byzantine model with whose pictorial means and theological meanings he was completely unfamiliar.

The icon of the Virgin at Moutoulla belongs in this same class of works executed by foreign painters in the Lusignan milieu in this period. It is characterized by a comparable uncertainty in comprehending and a similar awkwardness in rendering elements of a Byzantine — and most probably highly revered — image, which the artist also avoided designating with Greek inscriptions.

Dim. 1,175×0,75 m.

T 2512

BIBLIOGRAPHY Αχειμάστου-Ποταμιάνου 1985, 85. Αχειμάστου-Ποταμιάνου 1984, 16, pl. 5, fig. p. 17. Mouriki 1987α, 403-414, fig. 1-3.

Η ΠΑΝΑΓΙΑ ΒΡΕΦΟΚΡΑΤΟΥΣΑ

Αρχές 13ου αι.

Η Παναγία εικονίζεται σε προτομή βρεφοκρατούσα σε παραλλαγή του τύπου της Οδηγήτριας. Τα κύρια χαρακτηριστικά που διαφοροποιούν τον τύπο της Οδηγήτριας εδώ αφορούν κυρίως στη στάση και στην κίνηση του Χριστού στα χέρια της μητέρας του, όπως και σε μια ενδιαφέρουσα λεπτομέρεια με την παλάμη της Παναγίας να περιβάλλει τη γυμνή φτέρνα του παιδιού ανάμεσα στον αντίχειρα και το δείκτη του δεξιού χεριού της, που στον εικονογραφικό τύπο της Οδηγήτριας γράφεται με ενωμένα τα δάχτυλα μπροστά στο στήθος της.

Με τη σειρά του το παιδί, εξαιρετικά εύσωμο και μεγαλωμένο, κάθεται άνετα στο αριστερό χέρι της με γυμνά και σταυρωμένα τα πόδια του. Κρατεί μεγάλο κλειστό κόκκινο ειλητάριο, ακουμπισμένο όρθιο στο γόνατό του και με το δεξιό προτεταμένο ευλογεί. Σύνθετη και έξω από την καθιερωμένη εικονογραφία του Χριστού στην Οδηγήτρια είναι και η διευθέτηση των πτυχώσεων ιδιαίτερα των ρούχων του. Το χρυσόνημο ιμάτιό του τυλίγεται γύρω από τον κορμό και αφήνει ακάλυπτο το δεξιό ώμο του, καθώς και ελλειψοειδές άνοιγμα με μαλακή γύρω του και χαλαρά καμπυλωμένη την πτύχωση, μέσα από το οποίο προβάλλει το αριστερό πόδι του Χριστού.

Τα περισσότερα από τα παραπάνω στοιχεία, όχι κοινά στη βυζαντινή εικονογραφία, εντοπίζονται παρ' όλα αυτά σε μικρή σειρά εικόνων του τέλους του 12ου ή των αρχών του 13ου αιώνα με συγγενέστερο παράδειγμα την εικόνα της Οδηγήτριας του Μουτουλλά της Κύπρου (Mouriki 1987α, 403-414, εικ. 5). Τελευταία, με αποδεδειγμένη την τεχνοτροπική και άλλη σχέση της εικόνας του Βυζαντινού Μουσείου με την εικόνα τόσο του Μουτουλλά όσο και σε κάποια σημεία με κυπριακές παραστάσεις σε εικόνες και τοιχογραφίες, η εικόνα αποδόθηκε σε κυπριακό εργαστήριο (Mouriki 1987α, ό.π.).

Σε κυπριακό εργαστήριο των αρχών του 13ου αιώνα αποδόθηκαν και κάποιες εικονογραφικές και τεχνοτροπικές εφαρμογές της παράστασης που παρεκκλίνουν από τα παγιωμένα ζωγραφικά μέσα της βυζαντινής παράδοσης. Ανάμεσα σε αυτά το κόκκινο ειλητάριο του Χριστού, οι μαργαριτοκόσμητες ταινίες του χιτώνα του, η υπερτονισμένη πτύχωση του μαφορίου της Παναγίας κάτω από το αριστερό χέρι της, η τονισμένη επίσης διάρθρωση των οστών στη βάση του λαιμού και των δύο μορφών, καθώς και η ιδιαίτερη προετοιμασία της πίσω πλευράς της εικόνας με λινάτσα, νεκρό γύψο, και η σε οριζόντιες παράλληλες γραμμές γραπτή και με κυματιστές κάθετες γραμμώσεις διακόσμησή του.

Παρά τα παραπάνω, κάποιες παρατηρήσεις, ενδεικτικές ίσως για την εργαστηριακή και χρονολογική ένταξη του έργου, αξίζει εδώ να σημειωθούν. Οι σοβαρές παρεκκλίσεις του έργου από την κλασική βυζαντινή παράδοση του 12ου αιώνα, όπως η αφελής περίπου ζωγραφική απόδοση του παιδιού με τις έξω από τη βυζαντινή κλίμακα διαστάσεις, η έξω από την παρατήρηση της φύσης περίεργη φυσιογνωμία του, ο τρόπος της διευθέτησης της μακριάς κόμης του που δεν αφήνεται ελεύθερη αλλά φαίνεται κάτι να τη συγκρατεί πίσω στον αυχένα, τα χοντρά πόδια, η περίεργη διευθέτηση των πτυχώσεων του ιματίου του γύρω από το άνοιγμα απ' όπου προβάλλει το αριστερό πόδι, όλα είναι στοιχεία που δεν εντοπίζονται ούτε στην πιο συγγενική της εικόνας μας παράσταση της Παναγίας του Μουτουλλά. Επιπλέον η έλλειψη ελληνικών επιγραφών τόσο στην εικόνα του Βυζαντινού Μουσείου όσο και στην εικόνα της Παναγίας του Μουτουλλά, οδηγεί επίσης σε κάποιες εύλογες ίσως υποθέσεις.

Εάν όλα τα στοιχεία της εικόνας και ιδιαίτερα η ακαθόριστη με κυματιστές κάθετες μικρές γραμμώσεις στο πίσω μέρος του ξύλου διακόσμηση οδηγούν σε κυπριακό πραγματικά εργαστήριο και η χρονολόγηση του έργου οριοθετείται στις αρχές του 13ου αιώνα, τότε δεν αρκεί η άποψη ότι η Κύπρος αυτή την εποχή, κάτω από την κυριαρχία των Λουζινιάν και αποκομμένη από το Βυζάντιο, εκφράζεται με την περίεργη αυτή εικαστική γλώσσα.

Όπως έχει ήδη παρατηρηθεί, η Οδηγήτρια του Βυζαντινού Μουσείου παρουσιάζει σύνθετη και με στοιχεία από τρεις τουλάχιστον τύπους εικονογραφία. Από τα ενδιαφέροντα αυτά στοιχεία σημειώνονται εδώ η λεπτομέρεια της προστατευμένης από την παλάμη της Παναγίας φτέρνας του παιδιού, στοιχείο βέβαια που εντοπίζεται ήδη στην Παναγία της κόγχης του ιερού στην τοιχογραφημένη βυζαντινή παράσταση του Kurbinovo, το οποίο όμως εφαρμόζεται πολύ συχνά και σε ρωμάνικες παραστάσεις. Το έξω από κάθε κλίμακα τεράστιο παιδί στη βρεφοκρατούσα Παναγία αποτελεί επίσης στοιχείο της ίδιας ρωμάνικης ζωγραφικής με ενδεικτικό παράδειγμα την τοιχογραφημένη παράσταση της Παναγίας βρεφοκρατούσας στην κεντρική αψίδα του Castello Appiano (Bologna 1964, πίν. 32).

Η εμφανής επίσης παρανόηση δοκιμασμένων και σημαντικών για το δογματικό νόημά τους εικονογραφικών στοιχείων, όπως τα σήματα των ώμων στο χιτώνα του Χριστού που αποδίδονται τεράστια και με τη μορφή εξάρτησης της ζώνης, η οποία επίσης δεν έγινε εδώ από το δημιουργό του έργου κατανοητή, μαζί με την αδικαιολόγητη έλλειψη επιγραφών ακόμη και των ίδιων των απαραίτητων μονογραμμάτων των δύο μορφών *Μ(ΗΤΗΡ) Θ(Ε)ΟΥ* και *Ι(ΗCΟΥ)C Χ(ΡΙCΤΟ)C*, δηλώνουν δημιουργό που δεν γνωρίζει ελληνικά και δεν είναι καθόλου εξοικειωμένος με τη βυζαντινή εικονογραφία. Η υπόθεση συνεπικουρείται και από τη χρονολόγηση του έργου στις αρχές του 13ου αιώνα, όταν η Κύπρος βρίσκεται κάτω από τους Λουζινιάν.

Συμπερασματικά θα λέγαμε ότι η εικόνα του Βυζαντινού Μουσείου δεν έγινε από βυζαντινό ζωγράφο αλλά από ξένο, πολύ καλό κατά τα άλλα, τεχνίτη που ζει την εποχή των Λουζινιάν στην Κύπρο και που αναλαμβάνει να αποδώσει βυζαντινό πρότυπο, τα ζωγραφικά μέσα του οποίου δεν του είναι οικεία, όπως άγνωστα του είναι και τα νοήματά του. Στην ίδια κατηγορία εικόνων που έγιναν αυτή την εποχή από ξένους ζωγράφους του περιβάλλοντος των Λουζινιάν εντάσσεται επίσης και η Παναγία του Μουτουλλά, που χαρακτηρίζεται από ανάλογη αβεβαιότητα στην κατανόηση και παρόμοια αδεξιότητα στην απόδοση στοιχείων βυζαντινής και πιθανότατα ιδιαίτερα τιμώμενης παράστασης, την οποία επίσης αποφεύγει να χαρακτηρίσει με ελληνικές επιγραφές.

Διαστ. 1,175×0,75 μ.

Τ 2512

ΒΙΒΛΙΟΓΡΑΦΙΑ Αχειμάστου-Ποταμιάνου 1985, 85. Αχειμάστου-Ποταμιάνου 1984, 16, πίν. 5, εικ. σ. 17. Mouriki 1987α, 403-414, εικ. 1-3.

DOUBLE-SIDED ICON
SIDE A: SAINT GEORGE AND SCENES FROM HIS LIFE
SIDE B: SAINT MARINA AND SAINT IRENE (?)
13th century

SIDE A Saint George is carved in relief on the wooden panel, standing and turned towards the right. He wears a sleeved military tunic to the knees, a metal cuirass with epaulettes and a belt, as well as a cape fastened with a brooch on the chest, passing over the left shoulder and falling in long folds behind his back. With his hands raised in intercession he seems to address Christ, who is depicted top right in a segment of heaven bending over towards the saint. Bottom right, resting on the foreground, is the saint's triangular shield with relief rim. On a miniature scale, below the saint's legs and to the left, is the female dedicator in a pose of prayer and prostration. She is attired in a fur mantle, over which is a second sleeveless coat, and a headdress that probably covers a low hemispherical hat.

The icon has a painted frame on three sides with scenes from the life of Saint George, while represented in the middle of the top are two angels venerating in front of a draped cloth, a reference to the eschatological theme of the Preparation of the Throne (Hetoimasia). The scenes from the life of Saint George are in columnar arrangement, six on each of the vertical sides of the icon.

Illustrated on the left side, from top to bottom, are the scenes: 1. The saint being charitable. The saint is depicted left, outside the walls of a city and in front of a group of the weak who come from the right. In the middle and below, a disabled figure accepts the saint's act of charity. 2. The saint before the king. George enters from the right, guarded by two soldiers, and seems to converse with the seated monarch. 3. The saint tortured by fire. George, naked except for a loincloth, is tied to a stake and burnt with flaming torches held by two soldiers-torturers. 4. Only two figures, perhaps denoting the imperial couple, have survived. 5. Only part of the soldier's face, turned left, remains.

Down the right side are the scenes: 1. The saint standing in the middle with a hot helmet on his head is tortured beaten by soldiers, one of whom injures him with red hot pliers. 2. The fallen idols. 3. Martyrdom of the saint. 4. The burial of the saint.

The icon with the relief figure of Saint George presents a combination of stylistic and other elements that generates a series of questions concerning its historical and chronological assessment. Among the obvious stylistic elements of the representation are the soldier-saint's western garb and appearance, with high leather boots, without the Byzantine leggings, the realistic features, such as the distinct shape and decoration of the triangular shield resting on the foreground, the plain metal cuirass without laminae and the simple belt, rather than the elaborate one of the Byzantine military uniform. The hairstyle is western too, while the epaulettes and indeed the saint's general appearance are Romanesque. The overall effect brings to mind woodcarved images and effigies, a small series of which has been located in Kastoria (Πέτκος 1992, 282-290).

In contrast, the scenes from the life of Saint George, painted on the three sides of the icon's surround, display the characteristics of thirteenth-century Palaeologan renaissance art, with elements from late and classical antiquity. So this exceptionally refined painting ensemble belongs among the important examples of this tendency in early Palaeologan works.

Comparison of the painting of the border scenes with the thirteenth-century Athonite codex Iviron 5 miniatures, is quite revealing for the assignment of our icon to the same period and artistic milieu. The same traits are also observed in the representation on the back of the icon, which in the course of this brief exposition are demonstrated as being contemporary with the work on the front.

SIDE B The entire surface of this side is filled by two saintly figures, standing and turned towards the centre, interceding with their hands raised towards

Christ, who appears above in an arc of heaven, in bust and blessing with both hands apart.

The figure on the left is Saint Marina, as identified by the nominative inscription. She is tightly enveloped in her red maphorion, known from her synaxarion to have been dyed purple with the blood of her martyrdom. Confronting her on the right is a saint attired in a bejewelled crown, a chiton with pearl-decorated loros and a mantle that falls low on her shoulders. Both figures are youthful with full lips and large eyes in shadowed sockets.

Of particular interest for the chronological and historical assessment of the icon, is the identity of the saint on the right, bedecked as a Byzantine princess, since she must be the patron saint of its dedicator and her namesake. The inscription bearing the name of the saint on the right has unfortunately been lost and her identification is attempted on the basis of other elements. Most of the iconographic and other characteristics of the figure suggest that it is Saint Irene, who was moreover particularly revered in the wider region of Macedonia, from where our icon comes.

Assuming that this identification is correct and bearing in mind that the saint should be the protectress of the dedicator, we baptize her Irene too. She is the figure depicted in adoration on the front side of the icon, towards the bottom and behind the legs of the interceding woodcarved Saint George.

Returning to Saint Marina, protectress of weak and sick children, we believe that her presence also in intercession is not fortuitous.

The emphasis given to the imposing representation of the two saints' intercession to Christ, to whom Saint George on the obverse also intercedes, and the fact that the representation of the Preparation of the Throne at the top of the front side is an explicit allusion also to death, creates the clear impression that all three saints intercede for the salvation or the soul of the dedicator's dead or dying loved one or ones.

As already mentioned, the icon of Saint George is dated on stylistic grounds to the thirteenth century. This dating, the expensive construction of the icon and its composite artistic aspect make it a precious dedication in art and value. The first thought in the quest for its dedicator is that she came from a wealthy and important family, distinguished for its military activity, as emerges from the soldier-saint George who intercedes on her behalf.

After close scrutiny of the dedicator's aspect, we are convinced that she is not a nun, as was preciously maintained. She does indeed have a black headdress but this almost certainly covers a semi-circular hat. Furthermore examination using a stereomicroscope has shown that she wears a pelisse and a second sleeveless overcoat, neither of which are garments appropriate to a nun. On the contrary, they are typical of lay costume in the wider area of Macedonia. Moreover, it has been proposed recently that the puffed hat under a laywoman's headdress is a diacritical accessory of regal attire (Emmanuel 1993-1994, 118). Such a hat is also worn by Irene Doukena Angelina Comneni in a wall-painting on the external west wall of the narthex in the church of the Taxiarchis Metropoleos at Kastoria. According to the inscription (Δρακοπούλου 1991, 128), Irene is depicted there with her son Michael — son of a great king Asan.

It seems from the latest dating of this inscription (Δρακοπούλου 1991, op.cit.) that Irene, daughter of Theodoros Angelos Comnenos of Epirus and wife of John Asan II, King of Bulgaria, resided in Kastoria in the interval between 1246, the year Michael ascended to the throne, after the death of his elder brother Kallimanos, and 1257, when Michael II of Epirus most probably captured the town.

The resemblance in physiognomy between Irene in the wall-painting in the Taxiarchis church and the dedicator of our icon, the same hat, which is covered by a mourning headdress in our figure, and the death of the tsarina's two sons, are elements that might perhaps identify the dedicator of the precious icon of Saint George with Irene.

We come now to the problem of dating the icon, with which Irene beseeches Christ, through the intervention of three saints. Was the icon dedicated when Kallimanos was ill, that is before his death in 1246 — the mobilizing of Marina, protectress of ill children, facilitates this hypothesis — or was it dedicated after the death of Michael, also a sickly child as can be discerned in the wall-painting in the Taxiarchis — as the presence of the dedicator alone here, without any member of her family, suggests? Asan II had died in 1241, before the death of his two sons, but perhaps at least her younger son and Tsar of the Bulgars, Michael, should accompany here, if of course he was still alive then. It is thus deduced that the deesis of Irene Doukena Angelina Comneni was made at a time of great personal distress, for which she supplicated in despair and desolation.

In conclusion, it seems that this large and precious work, the iconography on both sides of which is dominated by the meaning of an anguished deesis, is also a votive icon that refers to an important dedicator. Moreover, its dating, from its composite stylistic traits, to the thirteenth century; its origin from Kastoria; the woodcarved figure of Saint George, located in a series of similar icons in the same town; the participation in the deesis of Saint Marina, protectress of weak and sick children; the identification of one of the interceding figures as Saint Irene; the resemblance of the dedicator to Irene, daughter of Theodore Doukas Angelos of Epirus, in the wall-painting in the church of the Taxiarchis Metropoleos at Kastoria; the same hemispherical hat on the head of both figures, which in our icon is covered by a mourning headdress; the dedicator's pelisse, which refers to Macedonian garb and rules out her identity as a nun; the death of Irene's two sons and her dynamic presence in Kastoria would all seem to advocate the identification of the dedicator as Tsarina Irene, wife of John Asan II, who lived through the death of her husband in 1241, of her first child Tsar Kallimanos in 1246, and of second child Michael in 1253. If this line of reasoning is correct, then the Byzantine Museum icon is dated between 1246 and 1253, was produced in Macedonia, where western influences feature in Palaeologan art in this period, and is not only a work of high art but also of great historical value.

Dim. 1,07×0,72 m.

T 89

CONSERVATION N. Nomikos (1998).

BIBLIOGRAPHY Sotiriou 1930, 178, fig. 4, pl. XV. Σωτηρίου 1931², 74. Sotiriou 1932, 84, fig. 48. Ξυγγόπουλος 1936, 7. Sotiriou 1955, 18. Βοκοτόπουλος 1964, 230, pl. 237. Vocotopoulos 1964², 272, pl. 237. Chatzidakis 1965, XXVI, LXXXIII, fig. p. 49. Chatzidakis 1966, XXVI, LXXXIV, fig. p. 49. Chatzidakis 1970, 89, pl. pp. 22-25. Χατζηδάκης 1974, 336, fig. 11. Chatzidakis s.a., 21, pl. 2. Weitzmann 1978, 109, pl. 35. Taylor 1979, 39, fig. pp. 40-43. Chatzidakis 1980, 68, 223, fig. 70. Chatzidakis 1981, 132, fig. p. 155. Chatzidakis 1982, 131, fig. p. 155. Chatzidakis 1983, 68, 223, fig. p. 70. Αχειμάστου-Ποταμιάνου 1989-1990, 107, οιμ. 10. Patterson-Ščvčcnko 1993 1994, 157-164, fig. 4. Βοκοτόπουλος 1995, 205, fig. 64.

ΑΜΦΙΠΡΟΣΩΠΗ ΕΙΚΟΝΑ
Α΄ ΟΨΗ: Ο ΑΓΙΟΣ ΓΕΩΡΓΙΟΣ ΚΑΙ ΣΚΗΝΕΣ ΤΟΥ ΒΙΟΥ ΤΟΥ
Β΄ ΟΨΗ: Η ΑΓΙΑ ΜΑΡΙΝΑ ΚΑΙ Η ΑΓΙΑ ΕΙΡΗΝΗ(;)
13ος αι.

4.

Α΄ ΟΨΗ Ο άγιος Γεώργιος εικονίζεται σε έξεργο ξυλόγλυπτο ανάγλυφο, όρθιος και γυρισμένος προς τα δεξιά. Φορεί χειριδωτό στρατιωτικό χιτώνα μέχρι τα γόνατα, μετάλλινο θώρακα με επωμίδες και ζώνη και μανδύα που πορπώνεται μπροστά στο στήθος, περνάει πάνω από τον αριστερό ώμο του και πέφτει μακρύς και πτυχωτός πίσω στην πλάτη του. Με τα χέρια σηκωμένα σε δέηση φαίνεται να απευθύνεται προς τον Χριστό που εικονίζεται πάνω και δεξιά, μέσα σε ουράνιο τεταρτοσφαίριο σκυμμένος προς τον άγιο. Κάτω και δεξιά γράφεται ακουμπισμένη στο έδαφος η τριγωνική ασπίδα του με ανάγλυφο πλαίσιο. Σε κλίμακα μικρογραφίας και κάτω στα πόδια του αγίου και αριστερά εικονίζεται η αφιερώτρια σε στάση προσκύνησης. Φορεί γούνινο μανδύα και πάνω του δεύτερο αχειρίδωτο επανωφόρι. Την κεφαλή της τυλίγει κεφαλόδεσμος με χαμηλό πιθανότατα ημισφαιρικό πίλημα.

Η εικόνα φέρει γραπτό πλαίσιο στις τρεις πλευρές της με σκηνές του βίου του αγίου και στη μέση της πάνω ζώνης δύο αγγέλους που δέονται μπροστά σε πτυχωτό ύφασμα με αναφορά στο εσχατολογικό θέμα της Ετοιμασίας του Θρόνου. Οι σκηνές από το βίο του αγίου Γεωργίου γράφονται κιονηδόν ανά έξι σε κάθε μία από τις κάθετες πλευρές του πλαισίου της εικόνας.

Στην αριστερή πλευρά και από πάνω προς τα κάτω αναγνωρίζονται οι σκηνές: 1. Ο άγιος κάνει ψυχικό. Έξω από τα τείχη πόλεως ο άγιος εικονίζεται αριστερά και μπροστά από όμιλο αδυνάτων που έρχεται από δεξιά. Στη μέση και κάτω ανάπηρη μορφή δέχεται από τον άγιο ψυχικό. 2. Ο άγιος μπροστά στο βασιλιά. Έρχεται από δεξιά φρουρούμενος από δύο στρατιώτες και φαίνεται να συνομιλεί με καθισμένο άρχοντα. 3. Ο άγιος καίγεται. Ο Γεώργιος δεμένος σε κολόνα και γυμνός με μόνο το περίζωμα καίγεται με αναμμένες δάδες από δύο στρατιώτες βασανιστές. 4. Από τη σκηνή σώζονται μόνο δύο μορφές που δηλώνουν ίσως αυτοκρατορικό ζεύγος. 5. Σώζεται μόνο μέρος από το πρόσωπο στρατιώτη γυρισμένου προς τα αριστερά.

Στη δεξιά πλευρά από πάνω προς τα κάτω: 1. Ο άγιος όρθιος στη μέση με καυτό κράνος στην κεφαλή βασανίζεται δερόμενος από στρατιώτες από τους οποίους ο ένας τον πληγώνει με καυτή κόκκινη τανάλια. 2. Σκηνή με την πτώση των ειδώλων. 3. Σκηνή με μαρτύριο του αγίου. 4. Ο ενταφιασμός του αγίου.

Η εικόνα του ανάγλυφου αγίου Γεωργίου που παρουσιάζει συνδυασμό τεχνοτροπικών και άλλων στοιχείων προκαλεί σύνθετο προβληματισμό για την ιστορική και χρονολογική ένταξή της. Από τα πιο εμφανή τεχνοτροπικά στοιχεία της παράστασης είναι η δυτική αμφίεση και παρουσία του στρατιωτικού αγίου Γεωργίου με τις δερμάτινες υψηλές μπότες του χωρίς τις βυζαντινές δρομίδες, τα πραγματιστικά χαρακτηριστικά της, όπως η ευανάγνωστη μορφή και διακόσμηση της ακουμπισμένης στο έδαφος τριγωνικής ασπίδας του, ο μετάλλινος απλός θώρακας χωρίς τις φολίδες και με απλή ζώνη, μακριά από τη μορφή της περίτεχνης ζώνης της βυζαντινής στρατιωτικής αμφίεσης. Δυτική και η διευθέτηση της κόμης του, ρωμάνικες οι επωμίδες του και ρωμάνικη γενικά η παρουσία του. Η όλη κατασκευή παραπέμπει σε ξυλόγλυπτες εικόνες και ξόανα, μια μικρή σειρά των οποίων εντοπίστηκαν στην Καστοριά (Πέτκος 1992, 282-290).

Αντίθετα, παραστάσεις που γράφονται στις τρεις πλευρές του πλαισίου αποδίδονται με τα χαρακτηριστικά της αναγεννησιακής παλαιόλογειας ζωγραφικής του 13ου αιώνα, με στοιχεία της όψιμης και κλασικής αρχαιότητας, εντάσσοντας έτσι αυτό το εξαιρετικά εκλεπτυσμένο ζωγραφικό σύνολο στα σημαντικά δείγματα αυτής της τάσης στα πρώιμα παλαιόλογεια έργα.

Η σύγκριση της ζωγραφικής των σκηνών του πλαισίου με τις μικρογραφίες του χειρογράφου Ιβήρων 5 του Αγίου Όρους του 13ου αιώνα αποκαλύπτεται αρκετά χρήσιμη για την ένταξη της εικόνας μας στην ίδια εποχή και στο ίδιο καλλιτεχνικό περιβάλλον. Τα ίδια στοιχεία εντοπίζονται και στην παράσταση της πίσω όψης της εικόνας που στην πορεία της μικρής αυτής προσέγγισης αποδεικνύεται σύγχρονη με το έργο της πρώτης όψης.

Β΄ ΟΨΗ Όλη την επιφάνεια αυτής της όψης καλύπτουν δύο αγίες όρθιες και γυρισμένες προς το κέντρο, που δέονται με τα χέρια υψωμένα προς τον Χριστό. Ο Χριστός εικονίζεται σε ουράνιο ημισφαίριο σε προτομή και μετωπικός ευλογώντας με τα χέρια ανοιχτά και τις δύο.
Αριστερά εικονίζεται, όπως ταυτίζεται και από επιγραφή, η αγία Μαρίνα. Είναι τυλιγμένη σφιχτά στο κόκκινο μαφόριο, γνωστό από το συναξάρι της ως πορφύρα βαμμένη από το αίμα του μαρτυρίου της.
Δεξιά αντωπή αγία με διάλιθο στέμμα, χιτώνα με μαργαριτοκόσμητο λώρο και μανδύα που πέφτει χαμηλά στους ώμους της. Και οι δύο μορφές είναι νεανικές με γεμάτα χείλη και μεγάλα μάτια σε σκιερές κόγχες.
Από τα στοιχεία που συμβάλλουν ίσως στη χρονολόγηση και ιστορική ένταξη της εικόνας, ενδιαφέρον ερευνητικό παρουσιάζει η ταύτιση της δεξιάς αγίας με εμφάνιση βυζαντινής πριγκίπισσας που πρέπει να ταυτίζεται με την προστάτιδα αγία της αφιερώτριας. Από αυτή τη θεώρηση οι δύο μορφές πρέπει να έχουν το ίδιο όνομα. Η επιγραφή που έδινε το όνομα της δεξιάς αγίας στην πίσω όψη της εικόνας δυστυχώς έχει χαθεί και η ταύτισή της επιχειρείται από άλλα στοιχεία. Τα περισσότερα εικονογραφικά και άλλα χαρακτηριστικά της οδηγούν με μεγαλύτερες πιθανότητες στην αγία Ειρήνη, ιδιαίτερα τιμώμενη άλλωστε στον ευρύτερο μακεδονικό χώρο απ’ όπου προέρχεται και η εικόνα μας.
Με πιθανή την ταύτιση της εικόνας μας με την αγία Ειρήνη και με το σκεπτικό ότι πρέπει να είναι η προστάτις αγία της αφιερώτριας, βαφτίζουμε Ειρήνη και την αφιερώτρια που εικονίζεται σε προσκύνηση στο κάτω μέρος της εικόνας και πίσω από τα πόδια του δεόμενου ξυλόγλυπτου αγίου Γεωργίου.
Επανερχόμενοι στην αγία Μαρίνα, τη δεύτερη αγία που δέεται επίσης προς τον Χριστό και που φέρει την επιγραφή: Η ΑΓΙΑ ΜΑΡΙΝΑ, θεωρούμε ότι η παρουσία σε δέηση και της αγίας Μαρίνας προστάτιδος των αδύνατων και άρρωστων παιδιών δεν είναι τυχαία.

Με την έμφαση που δίνεται στην εντυπωσιακή παράσταση δέησης από τις δύο αγίες προς τον Χριστό, προς τον οποίο δέεται και ο άγιος Γεώργιος της πρώτης όψης της εικόνας μας, στο πάνω πλαίσιο της οποίας γίνεται με την παράσταση της Ετοιμασίας του Θρόνου σαφής αναφορά και στο θάνατο, δίνεται σαφής επίσης η εντύπωση ότι και οι τρεις άγιοι δέονται για τη σωτηρία ή την ψυχή νεκρού ή ετοιμοθάνατου αγαπημένου προσώπου ή προσώπων της αφιερώτριας.
Η εικόνα του αγίου Γεωργίου σύμφωνα με τα τεχνοτροπικά στοιχεία της χρονολογείται, όπως αναφέραμε και προηγουμένως, στο 13ο αιώνα. Η χρονολόγηση του έργου, η πολυδάπανη κατασκευή του και η σύνθετη καλλιτεχνική παρουσία του κάνει την εικόνα ένα από τα πολύτιμα σε τέχνη και αξία αφιερώματα. Η πρώτη λοιπόν σκέψη οδηγεί σε πλούσια και σημαντική οικογένεια με στρατιωτική δραστηριότητα, όπως προκύπτει από το στρατιωτικό άγιο Γεώργιο που δέεται γι’ αυτήν.
Με προσεκτικότερη παρατήρηση στην παρουσία της αφιερώτριας πιστεύουμε τώρα ότι δεν είναι, όπως υποστηρίχθηκε, μοναχή. Φορεί πραγματικά μαύρο κεφαλόδεσμο, ο οποίος όμως καλύπτει, όπως μπορεί κανείς να υποθέσει με βεβαιότητα, ημισφαιρικό πίλημα. Επιπλέον παρατηρήθηκε και με τη βοήθεια του μικροστερεοσκόπιου ότι φορεί φλοκωτό μανδύα και δεύτερο αχειρίδωτο επανωφόρι που δεν θα φορούσε μοναχή. Αντίθετα, τα δύο τελευταία στοιχεία παραπέμπουν σε τρόπο αμφίεσης λαϊκής στον ευρύτερο μακεδονικό χώρο. Το φουσκωτό εξάλλου πίλημα κάτω από τον κεφαλόδεσμο μιας κοσμικής που παραπέμπει, όπως υποστηρίχθηκε τελευταία, σε διακριτικό εξάρτημα της πριγκιπικής αμφίεσης (Emmanuel 1993-1994, 118), φορεί και η Ειρήνη Δούκενα Αγγελίνα Κομνηνή στην τοιχογραφημένη παράσταση στον εξωτερικό δυτικό τοίχο του νάρθηκα του ναού Ταξιάρχη Μητροπόλεως στην Καστοριά. Η Ειρήνη εκεί σύμφωνα με την επιγραφή (Δρακοπούλου 1991, 128) εικονίζεται με το γιο της Μιχαήλ και *υιόν μεγάλου βασιλέως Ασάνη*.
Η Ειρήνη, κόρη του Θεόδωρου Αγγέλου Κομνηνού της Ηπείρου, σύζυγος του Ιωάννη Ασάν του Β΄ βασιλιά της Βουλγαρίας, είναι στην πόλη της Καστοριάς, σύμφωνα με την τελευταία χρονολόγηση της επιγραφής (Δρακοπούλου 1991, ό.π.), στο χρονικό διάστημα ανάμεσα στο 1246, έτος που ανέβηκε ο Μιχαήλ στο θρόνο μετά το θάνατο του μεγαλύτερου αδελφού του Καλλιμάνου, και στο 1257, όταν κατέλαβε πιθανότατα την Καστοριά ο Μιχαήλ ο Β΄ της Ηπείρου.

Η κάποια φυσιογνωμική ομοιότητα της Ειρήνης στην τοιχογραφία του Ταξιάρχη με την αφιερώτρια της εικόνας μας, το ίδιο πίλημα της κεφαλής, που στην παράστασή μας καλύπτεται από πένθιμο κεφαλόδεσμο και ο θάνατος των δύο παιδιών της τσαρίνας, είναι στοιχεία που μπορούν ίσως να ταυτίσουν την αφιερώτρια της πολύτιμης εικόνας του αγίου Γεωργίου με την Ειρήνη Δούκενα Αγγελίνα Κομνηνή.

Ειδικότερο πρόβλημα διαμορφώνεται στη χρονολόγηση τώρα της εικόνας στην οποία η Ειρήνη παρακαλεί τον Χριστό με τη μεσολάβηση τριών αγίων. Η εικόνα άραγε αφιερώθηκε όταν ήταν άρρωστος ο Καλλιμάνος, πριν δηλαδή από το θάνατό του το 1246, εφόσον και η επιστράτευση της αγίας Μαρίνας προστάτιδος των άρρωστων παιδιών διευκολύνει αυτή την υπόθεση, ή αφιερώθηκε μετά το θάνατο και του Μιχαήλ το 1253, παιδιού επίσης άλλωστε και καχεκτικού, όπως μπορεί κανείς να διακρίνει στην τοιχογραφία του Ταξιάρχη, εφόσον εδώ διευκολύνει η παρουσία της αφιερώτριας μόνης χωρίς κανένα από τα μέλη της οικογένειάς της; Ο Ασάν ο Β' ήταν βέβαια νεκρός από το 1241 και πριν από το θάνατο των δύο παιδιών του. Αλλά ίσως έπρεπε τότε να τη συνοδεύει τουλάχιστον ο μικρότερος γιος της και τσάρος των Βουλγάρων Μιχαήλ, εάν βέβαια ζούσε ακόμη τότε. Εάν πρέπει να είναι έτσι, τότε η δέηση της Ειρήνης Δούκενας Αγγελίνας Κομνηνής φαίνεται να γίνεται σε μεγάλη συμφορά της, για την οποία πλέον δέεται απελπισμένη και μόνη.

Συμπερασματικά θα λέγαμε ότι η μεγάλη και πολύτιμη αυτή εικόνα, στην εικονογραφία και των δύο όψεων της οποίας επικρατεί το νόημα μιας εναγώνιας δέησης, αποτελεί επιπλέον αφιέρωμα, που παραπέμπει σε σημαντικό αφιερωτή. Η χρονολόγησή της εξάλλου από τα σύνθετα τεχνοτροπικά στοιχεία της στο 13ο αιώνα, η καταγωγή της από την Καστοριά, η ξυλόγλυπτη μορφή του αγίου Γεωργίου, που εντοπίζεται σε σειρά παρόμοιων εικόνων στην ίδια πόλη, η συμμετοχή στη δέηση της αγίας Μαρίνας προστάτιδος των αδύνατων και άρρωστων παιδιών, η ταύτιση της μίας από τις δεόμενες μορφές με την αγία Ειρήνη, η κάποια ομοιότητα της αφιερώτριας με την Ειρήνη, κόρη του Θεόδωρου Δούκα Αγγέλου της Ηπείρου, στην τοιχογραφία του Ταξιάρχη της Μητροπόλεως Καστοριάς, το ίδιο ημισφαιρικό πίλημα στην κεφαλή και των δύο μορφών, που στην εικόνα μας καλύπτεται από πένθιμο κεφαλόδεσμο, ο φλοκωτός μανδύας της αφιερώτριας που παραπέμπει σε μακεδονική αμφίεση και αποκλείει την ταύτιση της μορφής με μοναχή, ο θάνατος των δύο παιδιών της Ειρήνης, και η δυναμική παρουσία της στην Καστοριά συνηγορούν στην ταύτιση της αφιερώτριας με την τσαρίνα Ειρήνη, σύζυγο του Ιωάννη Ασάν του Β', η οποία έζησε το θάνατο του συζύγου της το 1241, το θάνατο του πρώτου παιδιού της και τσάρου Καλλιμάνου το 1246, όπως και του δεύτερου παιδιού της Μιχαήλ το 1253.

Αν τα παραπάνω είναι σωστά, τότε η εικόνα του Βυζαντινού Μουσείου χρονολογείται ανάμεσα στο 1246 και στο 1253, γίνεται στο μακεδονικό χώρο, όπου αυτή την εποχή ασκούνται δυτικές επιδράσεις στην παλαιολόγεια τέχνη, και φέρει εκτός από τη μεγάλη τέχνη της και ιδιαίτερη ιστορική αξία.

Διαστ. 1,07×0,72 μ.

Τ 89

ΣΥΝΤΗΡΗΣΗ Ν. Νομικός (1998).

ΒΙΒΛΙΟΓΡΑΦΙΑ Sotiriou 1930, 178, εικ. 4, πίν. XV. Σωτηρίου 1931², 74. Sotiriou 1932, 84, εικ. 48. Ξυγγόπουλος 1936, 7. Sotiriou 1955, 18. Βοκοτόπουλος 1964, 230, πίν. 237. Vocotopoulos 1964², 272, πίν. 237. Chatzidakis 1965, XXVI, LXXXIII, εικ. σ. 49. Chatzidakis 1966, XXVI, LXXXIV, εικ. σ. 49. Chatzidakis 1970, 89, πίν. σ. 22-25. Χατζηδάκης 1974, 336, εικ. 11. Chatzidakis s.a., 21, πίν. 2. Weitzmann 1978, 109, πίν. 35. Taylor 1979, 39, εικ. σ. 40-43. Chatzidakis 1980, 68, 223, εικ. 70. Chatzidakis 1981, 132, εικ. σ. 155. Chatzidakis 1982, 131, εικ. σ. 155. Chatzidakis 1983, 68, 223, εικ. σ. 70. Αχειμάστου-Ποταμιάνου 1989-1990, 107, σημ. 10. Patterson-Ševčenko 1993-1994, 157-164, εικ. 4. Βοκοτόπουλος 1995, 205, εικ. 64.

DOUBLE-SIDED ICON
SIDE A: CHRIST PANTOCRATOR
SIDE B: FOLIATE CROSS
14th century

SIDE A On the sunken gold surface of the panel with a broad slightly raised integral frame, Christ is depicted in bust and frontal. He wears a sleeved purple chiton with a large clavus on the shoulder and a dark blue to black himation covering only his left shoulder and swathed tightly around his torso and low on the chest. He blesses with two fingers, the little and middle, joined to the thumb, and holds a closed gospel book from its bottom right corner. His face is surrounded by a large relief halo with rinceaux ornaments. Four relief medallions are set in the spandrels of an imaginary rectangle in which the halo is inscribed. The upper ones bear the monograms IC XC.

Christ's pose and presence are strictly monumental, and although other elements, particularly his facial features, are rendered with realism and sensitivity, creating an immediacy of expression, they in no way diminish this impression. The eyes, as defined by their faint outlines, differ in shape. The left is almond-shaped, its composite drawing stressing the pointed inside corner, while creating deep curves with highlights at the edges of the volumes on the outside. The right, rendered with simpler means, is narrower with fewer and shallower curves closer together, underlined, as on the left, by a spray of tiny radiate highlights. The nose, long and not very fleshy, is emphasized at its tip by small red patches that are also encountered in figures in wall-painting ensembles from the reign of Milutin, as in the katholikon of the Chilandar Monastery (Αχειμάστου-Ποταμιάνου 1994, pl. 149). Despite the above, the harsher painterly traits of the icon, such as the very severe ethos of the figure and the stark colours without modelling on the flesh, lead to the region of Macedonia.

It is worth noting that our icon is connected in some ways with the icon of Christ Psychosostes in Saint Clement at Ochrid, the dating of which might perhaps constitute a terminus post quem for it. As is well known, the Ochrid icon is dated from historical evidence and on other grounds to the early fourteenth century (Djurić 1961, no. 15, pl. XXII), and bears a silver revetment, details of which seem to be imitated by the painter of our icon. Christ's gesso relief halo with the four medallions surrounding it, accurately reproduces analogous elements in the revetment of Christ Psychosostes. There are analogies too in the iconographic type of Christ, which our icon follows faithfully in the drawing of the edge of the chiton on the base throat, the large clavus on the shoulders, the pose and gesture of blessing of the right hand, as well as in his austere ethos.

Iconographically, the Byzantine Museum representation with its singular characteristics, mainly the manner of blessing with the two fingers, the little and middle, joined to the thumb, also displays affinity with the known Palaeologan icon of Christ Pantocrator in the Chilandar Monastery. This precious work, which is dated to 1260, is copied faithfully by the painter of our icon, even in details, but with his own means that are of a later period. The Byzantine Museum icon is distanced from that in the Chilandar Monastery in its stylistic traits, to which the painter appears to be consciously indifferent. The reasons why he copied this specific icon, apart from its obvious cult value and reputation, are perhaps linked with a specific aim of both the commissioner and the creator of the work.

In particular, what seems to concern the painter of our icon is not the splendid appearance of the Chilandar one, but its doctrinal meaning and message, which the great painter there conveyed not only by iconographic means.

The significative clue to the aims of the painter of our icon is Christ's pronounced gesture of blessing, which gives strict definition to the same still rather loose gesture in its model. In the Chilandar icon Christ clearly blesses with the two fingers, the little and middle, joined to the thumb, but quite freely and possibly with some hesitancy about its application. Our painter transforms the same gesture into a concrete crystallized means of blessing with the three fingers now tightly joined, an overt allusion to the doctrine of the Holy Trinity. It is clear that this gesture of blessing was probably preferred in monastic milieux of the fourteenth century, which are associated with explicit theocratic and dogmatic views, such as those of the Hesychastic movement. It is also telling that this iconographic detail features in other icons associated with fourteenth-century monastic circles, such as the mid-fourteenth-century Christ Pantocrator of Sebastocrator Isaak Doukas, now in the Archaeological Museum, Ochrid (Djurić 1961, no. 16) and Christ Saviour and Giver of Live, in the icon painted by the Serb Metropolitan Jovan in 1349 for the iconostasis of the Zrze Monastery, and now in the Skopje Art Gallery (Djurić 1961, no. 36, pl. LX).

In the light of the above, it seems that the icon in the Byzantine Museum was produced in a local Macedonian workshop, in all probability on Mount Athos, that was fully and closely acquainted with the specially revered icons in Ochrid and the Chilandar Monastery, from which it used elements for specific ideological aims.

SIDE B The composite foliate cross on the back of the Byzantine Museum icon seems to complete the dogmatic representation of Christ Pantocrator and Judge, with the symbol par excellence of the Passion underlining the Lord's redemptive role and sacrifice. The cross, with two horizontal beams that intersect with the large vertical bar and a third in oblique arrangement in its lower part, is adorned with volute motifs of intricate form and arrangement. Inscribed on the upper part, in two lines, are the monograms IC XC NI KA, surrounded by four Es (EEEE = ΕΛΕΝΗϹ ΕΥΡΕϹΙϹ ΕΛΕΟΥϹ ΕΡΕΙϹΜΑ (Helen's Find, Mercy's Prop).

The shape and overall form of the foliate cross in our icon is identified even in minor details with the foliate cross painted inside the jamb of the windows of the conch in the sanctuary of Hagios Nikolaos Orphanos, Thessaloniki (Ξυγγόπουλος 1964, 24, figs 152-153), the wall-paintings in which are dated to the first quarter of the fourteenth century.

These last elements, apart from their conceptual relation to the representation of Christ Pantocrator on the front, also indicate the icon's connection with monastic circles in Macedonia, which is corroborated, as mentioned before, by the iconographic and stylistic approach to the representation of Christ Pantocrator.

Dim. 1,24×0,91 m.

T 188

BIBLIOGRAPHY Sotiriou 1932, 93, fig. 60. Bettini 1937, 57, fig. p. 53. Sotiriou 1955, 19, pl. XVI. Χατζηδάκης 1963, 9, pl. 5α-β. Χατζηδάκη 1981, 87-88. Χατζηδάκη 1985-1986, 215, 220, 222, 229, 232, fig. 15.

ΑΜΦΙΠΡΟΣΩΠΗ ΕΙΚΟΝΑ
Α΄ ΟΨΗ: Ο ΧΡΙΣΤΟΣ ΠΑΝΤΟΚΡΑΤΩΡ
Β΄ ΟΨΗ: Ο ΦΥΛΛΟΦΟΡΟΣ ΣΤΑΥΡΟΣ
14ος αι.

5.

Α΄ ΟΨΗ Σε χρυσωμένη σκαφωτή επιφάνεια με πλατύ ελαφρά έξεργο πλαίσιο ο Χριστός εικονίζεται σε προτομή και μετωπικός. Φορεί χειριδωτό πορφυρό χιτώνα με μεγάλο σήμα στον ώμο και βαθυγάλανο έως μαύρο ιμάτιο, που καλύπτει μόνο τον αριστερό ώμο του και τυλίγεται σφιχτά γύρω από τον κορμό και χαμηλά στο στήθος. Ευλογεί με τα δύο δάχτυλα, το μικρό και τον παράμεσο, ενωμένα με τον αντίχειρα και κρατεί κλειστό ευαγγέλιο από την κάτω δεξιά γωνία του. Το πρόσωπό του περιβάλλει μεγάλο ανάγλυφο φωτοστέφανο με φυτικά ελικοειδή διακοσμητικά. Τέσσερα ανάγλυφα, επίσης, μετάλλια εντάσσονται στις γωνίες νοητού ορθογωνίου με εγγεγραμμένο τον κύκλο του φωτοστέφανου. Τα δύο πάνω φέρουν τα μονογράμματα *IC XC*.

Παρά τη μετωπική και αυστηρά μνημειακή στάση και παρουσία του Χριστού, άλλα πραγματιστικά στοιχεία, που αφορούν κυρίως στα φυσιογνωμικά χαρακτηριστικά του, αποδίδονται με ζωγραφική ευαισθησία και κάνουν την έκφραση της μορφής άμεση χωρίς παράλληλα να χάνει από το μνημειακό χαρακτήρα της. Διαφέρει το σχήμα των ματιών, όπως ορίζεται από τα άτονα περιγράμματά τους. Το αριστερό αποδίδεται αμυγδαλόσχημο με σύνθετο σχέδιο που τονίζει την αιχμηρή απόληξη στην εσωτερική πλευρά του ματιού, ενώ αντίθετα στην άλλη δημιουργεί βαθιές καμπυλώσεις με φωτεινές υπογραμμίσεις στις άκρες των όγκων. Το δεξιό, με απλούστερα μέσα δοσμένο, αποδίδεται στενότερο, με λιγότερες και σε κοντικότερες αποστάσεις τις αβαθέστερες καμπυλώσεις του. Εδώ και αριστερά υποδηλώνεται και ακτινωτή δέσμη μικρών φώτων. Η μύτη μακριά και όχι ιδιαίτερα σαρκώδης τονίζεται στην απόληξή της με μικρές κόκκινες κηλίδες, που εντοπίζονται και σε μορφές τοιχογραφημένων συνόλων της εποχής του Μιλούτιν, όπως στο καθολικό της μονής Χιλανδαρίου (Αχειμάστου-Ποταμιάνου 1994, πίν. 149). Παρά τα παραπάνω, τα αδρότερα ζωγραφικά στοιχεία της εικόνας, όπως το εξαιρετικά αυστηρό ήθος της μορφής και τα αδρά χρώματα χωρίς πλασίματα στα σαρκώματα, οδηγούν σε μακεδονικό χώρο.

Αξίζει να σημειωθεί ότι η εικόνα μας συνδέεται με κάποιους τρόπους με την εικόνα του Χριστού Ψυχοσώστη του Αγίου Κλήμεντα της Αχρίδας, η χρονολόγηση του οποίου μπορεί ίσως να αποτελέσει *terminus post quem* για την εικόνα του Βυζαντινού Μουσείου. Όπως είναι γνωστό, η εικόνα της Αχρίδας χρονολογείται από ιστορικές μαρτυρίες και άλλα στοιχεία στις αρχές του 14ου αιώνα (Djurić 1961, αριθ. 15, πίν. ΧΧΙΙ) και φέρει αργυρή επένδυση, στοιχεία της οποίας φαίνεται να μιμείται και ο ζωγράφος της εικόνας μας. Το ανάγλυφο φωτοστέφανο με τα τέσσερα μετάλλια που το περιβάλλουν αντιγράφει ανάλογα στοιχεία της επένδυσης του Χριστού Ψυχοσώστη. Αναλογίες επίσης παρουσιάζει τόσο στον εικονογραφικό τύπο του Χριστού που παρακολουθεί πιστά, όπως στο σχέδιο της παρυφής του χιτώνα στη βάση του λαιμού, το μεγάλο σήμα των ώμων, τη στάση και κίνηση της ευλογίας του δεξιού χεριού, όσο και στο ίδιο αυστηρό ήθος της μορφής.

Εικονογραφικά, επίσης, η παράσταση με τα ιδιόμορφα χαρακτηριστικά της και κυρίως τον τρόπο που κρατεί από την κάτω δεξιά γωνία το ευαγγέλιο και ευλογεί με τα δύο δάχτυλα, τον μικρό και τον παράμεσο ενωμένα με τον αντίχειρα, συνδέεται και με τη γνωστή παλαιολόγεια εικόνα του Χριστού Παντοκράτορα της μονής Χιλανδαρίου. Την πολύτιμη αυτή εικόνα, που χρονολογείται στο 1260, αντιγράφει ο ζωγράφος της εικόνας μας, με τα δικά του και της μεταγενέστερης εποχής του μέσα, μέχρι και σε σημεία της. Απομακρύνεται από την εικόνα του Χιλανδαρίου στα τεχνοτροπικά της στοιχεία, για τα οποία φαίνεται ότι εσκεμμένα αδιαφορεί.

Οι λόγοι πιθανότατα του ζωγράφου, για τους οποίους αντέγραψε τη συγκεκριμένη εικόνα, πέρα από τη δεδηλωμένη λατρευτική αξία και φήμη της, αφορούν σε συγκεκριμένη ίσως στόχευση τόσο του παραγγελιοδότου, όσο και του δημιουργού του έργου. Ειδικότερα εκείνο που φαίνεται να απασχολεί το ζωγράφο της εικόνας μας δεν είναι η λαμπρή παρουσία της εικόνας της μονής Χιλανδαρίου αλλά το δογματικό νόημα και μήνυμά της, το οποίο ο μεγάλος ζωγράφος εκεί έδωσε όχι μόνο με εικονογραφικά μέσα.

Το σημαίνον στοιχείο για την αποκάλυψη των στόχων του ζωγράφου της εικόνας μας είναι η έντονα προβαλλόμενη χειρονομία ευλογίας του Χριστού, που συγκεκριμενοποιεί το όχι αυστηρά δοσμένο ακόμη σχήμα της ίδιας χειρονομίας στο πρότυπό του. Ο Χριστός της μονής Χιλανδαρίου, όπως σαφώς υποδηλώνεται, ευλογεί με τα δύο δάχτυλα, το μικρό και τον παράμεσο ενωμένα με τον αντίχειρα, αλλά αρκετά ακόμη ελεύθερα και ίσως με κάποια αβεβαιότητα για την εφαρμογή του. Την ίδια χειρονομία μετατρέπει σε βέβαιο και αποκρυσταλλωμένο μέσο ευλογίας ο ζωγράφος μας, με σφιχτά τώρα τα τρία δάχτυλα χωρίς πια ενδοιασμούς παραπέμποντας σαφώς στο δόγμα της Αγίας Τριάδας. Είναι σαφές ότι αυτή η χειρονομία ευλογίας προτιμάται σε μοναστικούς, πιθανότατα, χώρους του 14ου αιώνα, που σχετίζονται με εκφρασμένες θεοκρατικές και δογματικές απόψεις, όπως εκείνων του ησυχαστικού κινήματος. Είναι επίσης ενδεικτικό ότι η παραπάνω εικονογραφική λεπτομέρεια εφαρμόζεται και σε άλλες εικόνες που σχετίζονται με μοναστικούς κύκλους του 14ου αιώνα, όπως στο Χριστό Παντοκράτορα των μέσων του 14ου αιώνα του σεβαστοκράτορος Ισαάκ Δούκα, τώρα στο Αρχαιολογικό Μουσείο της Αχρίδας (Djurić 1961, αριθ. 16) και στο Χριστό Σωτήρα και Ζωοδότη της εικόνας που ζωγραφίζει ο σέρβος μητροπολίτης Jovan το 1394 για το τέμπλο της μονής του Zrze, τώρα στην Πινακοθήκη των Σκοπίων (Djurić 1961, αριθ. 36, πίν. LX).

Μετά τα παραπάνω είναι ίσως φανερό ότι η εικόνα του Βυζαντινού Μουσείου εντάσσεται σε τοπικό μακεδονικό εργαστήριο, πιθανότατα του Αγίου Όρους, που γνωρίζει από κοντά και πολύ καλά τις ιδιαίτερα τιμώμενες εικόνες της Αχρίδας και της μονής Χιλανδαρίου, στοιχεία των οποίων χρησιμοποιεί και για ειδικούς ιδεολογικούς σκοπούς.

Β΄ ΟΨΗ Ο σύνθετος φυλλοφόρος σταυρός της πίσω όψης της εικόνας του Βυζαντινού Μουσείου φαίνεται να συμπληρώνει τη δογματική παράσταση του Χριστού Παντοκράτορα και Κριτή, υποδηλώνοντας με το κυριότερο σύμβολο του Πάθους του το λυτρωτικό ρόλο της σταυρικής θυσίας του. Ο σταυρός με δύο οριζόντιες κεραίες που διασταυρώνονται με τη μεγάλη κάθετη κεραία και μία τρίτη σε διαγώνια διάταξη στο κάτω μέρος της, κοσμείται με ελικοειδή, σε περίτεχνη μορφή και διάταξη σχήματα. Στο πάνω μέρος φέρει σε δύο σειρές τα μονογράμματα *IC XC NI KA* που περιβάλλονται από τέσσερα *EEEE* = *ΕΛΕΝΗΣ ΕΥΡΕCΙC ΕΛΕΟΥC ΕΡΕΙCΜΑ*.

Το σχήμα και η όλη μορφή του φυλλοφόρου σταυρού της εικόνας μας ταυτίζεται και στις μικρότερες λεπτομέρειες με τους φυλλοφόρους Σταυρούς που γράφονται στο πάχος των παραθύρων της κόγχης του Ιερού στον Άγιο Νικόλαο τον Ορφανό της Θεσσαλονίκης (Ξυγγόπουλος 1964, 24, εικ.152-153), οι τοιχογραφίες του οποίου χρονολογούνται στο πρώτο τέταρτο του 14ου αιώνα.

Τα τελευταία στοιχεία, πέρα από τη νοηματική σχέση που έχουν με την παράσταση του Χριστού Παντοκράτορα της πρώτης όψης, δηλώνουν και σχέση της εικόνας με μοναστικούς κύκλους της Μακεδονίας, στοιχείο που όπως αναφέρθηκε και προηγουμένως προκύπτει και από την εικονογραφική και τεχνοτροπική προσέγγιση της παράστασης του Χριστού Παντοκράτορα.

Διαστ. 1,24×0,91 μ.

Τ 188

ΒΙΒΛΙΟΓΡΑΦΙΑ Sotiriou 1932, 93, εικ. 60. Bettini 1937, 57, εικ. σ. 53. Sotiriou 1955, 19, πίν. XVI. Χατζηδάκης 1963, 9, πίν. 5α-β. Χατζηδάκη 1981, 87-88. Χατζηδάκη 1985-1986, 215, 220, 222, 229, 232, εικ. 15.

The Virgin is depicted in bust and holding the Christ-Child, in the type of the Hodegetria. She wears a maphorion closed high on the neck and edged with a golden red band, emphasized on the outline of the headcovering, and a deep blue chiton with emerald highlights, as apparent from its sleeves. She turns her body slightly towards the Child and looks directly at the beholder. Christ, who sits in his mother's left arm, is portrayed with a childish face: a snub nose, small full lips and puffed cheeks. His hands are also those of a child, with chubby wrist. He wears a golden red himation covering only the left shoulder and his legs, and exposing the richly draped white chemise decorated with green-red florets.

The dominant characteristics of the Virgin's serious face are the large round eyes with dark brown irises and the clear gaze devoid of emotive charge. Its restrained vitality and immediacy are conveyed by complex painterly artifices, used by the accomplished and experienced creator of the icon.

The contrived lack of strict symmetry, especially in the drawing of the eyes, which differ in size, shape, the whites, the outlines of the eyelids, the shading in the sockets, the curves of the eyebrows, but also as in the other facial features (difference in size and shape on the highlights on the planes of the cheeks), reveal the outstanding capabilities of a Palaeologan workshop.

These pronounced features, achieved through purely painterly means, are encountered in the figures in the wall-paintings of the church of Holy Wisdom (Hagia Sophia) at Trebizond (Talbot-Rice 1968, pl. 76), which seem to define both the provenance and period of our icon. This view is corroborated by information in the Byzantine Museum archives, according to which the icon was acquired from the religious heirlooms *(keimelia)* of the refugees from Asia Minor, after the Greek defeat there in 1922.

The stylistic affinity of the Virgin Hodegetria with the painting icon to the thirteenth century, and its declared provenance from Asia Minor, in conjunction with its remarkably composite rendering, place the work among the most important examples of icon-painting. Its overall value is completed by the painted cross on the back of the wooden panel.

Dim. 0,83×0,58 m.

T 191

BIBLIOGRAPHY Σωτηρίου 1931², 80. Sotiriou 1932, 93-94. Talbot-Rice 1937, 214. Sotiriou 1955, 19. Chatzidakis 1965, XXXI, LXXXIV, fig. p. 53. Χατζηδάκης 1966, 18. Chatzidakis 1966, XXX, LXXXIV, fig. p. 53. Chatzidakis 1970, 68, pl. p. 34. Chatzidakis s.a., 22, pl. 7. Talbot-Rice 1974, 163, pl. 167. Taylor 1979, fig. 6. Chatzidakis 1980, 74, 223, fig. p. 76. Chatzidakis 1981, 134, fig. p. 178. Chatzidakis 1982, 134, fig. p. 178. Χατζηδάκη 1981, 87-88. Χατζηδάκη-Μπαχάρα 1982, 9-10, pl. 2. Chatzidakis 1983, 223, fig. p. 76. Χατζηδάκη 1985-1986, 216, 220, 229, 232, fig. 3, 26. Yon - Sers 1990, 103.

Η ΠΑΝΑΓΙΑ ΟΔΗΓΗΤΡΙΑ

6.

Τέλη 13ου αι.

Η Παναγία εικονίζεται σε προτομή βρεφοκρατούσα και στον τύπο της Οδηγήτριας. Φορεί κλειστό μέχρι ψηλά το λαιμό μαφόριο με χρυσοκόκκινη ταινία στις παρυφές του, η οποία τονίζεται ιδιαίτερα στο περίγραμμα της καλύπτρας της κεφαλής, και βαθυγάλανο χιτώνα με σμαραγδένια φώτα, όπως φαίνεται από τις άκρες των χειρίδων του. Γυρίζει ελαφρά τον κορμό προς το παιδί και στρέφει το βλέμμα προς τον προσκυνητή. Ο Χριστός, που κάθεται στο αριστερό χέρι της, αποδίδεται με βρεφικό πρόσωπο, κοντή και στρογγυλεμένη στην άκρη μύτη, μικρά και γεμάτα χείλη, φουσκωμένα βρεφικά μάγουλα. Βρεφικά είναι και τα χέρια του παιδιού με κοντό και παχουλό καρπό. Φορεί χρυσοκόκκινο ιμάτιο που καλύπτει μόνο τον αριστερό ώμο και τα πόδια του, αφήνοντας να φαίνεται το πλούσια πτυχωμένο λευκό πουκάμισό του, κοσμημένο με πρασινοκόκκινα πλουμίδια.

Το σοβαρό πρόσωπο της Παναγίας χαρακτηρίζεται κυρίως από τα μεγάλα στρογγυλεμένα μάτια, με στρογγυλές τις βαθυκάστανες ίριδες και το καθαρό βλέμμα χωρίς ιδιαίτερη συναισθηματική φόρτιση. Είναι ζωντανό και με αμεσότητα, η οποία δίνεται εδώ συγκρατημένα και με σύνθετα ζωγραφικά ευρήματα από τον ικανό και έμπειρο δημιουργό της εικόνας μας.

Η εσκεμμένη έλλειψη απόλυτης και ψυχρής συμμετρίας, που εντοπίζεται ιδιαίτερα στα μάτια με τη διαφορετική μεταξύ τους μορφολογική απόδοση, στο μέγεθος, στο σχήμα, στο άσπρο που περιβάλλει την κόρη, στα περιγράμματα των βλεφάρων, στις σκιές της κόγχης τους, στις καμπύλες των φρυδιών, όπως και στα υπόλοιπα στοιχεία του προσώπου (διαφορά στο μέγεθος και στο σχήμα των φώτων στις επιφάνειες των παρειών) αποκαλύπτει τις εξαιρετικές δυνατότητες παλαιολόγειου εργαστηρίου. Τα με καθαρά ζωγραφικά μέσα έντονα αυτά χαρακτηριστικά εντοπίζονται στις τοιχογραφημένες μορφές του ναού της Αγίας Σοφίας Τραπεζούντας (Talbot-Rice 1968, πίν. 76), που σηματοδοτούν τόσο την προέλευση όσο και την εποχή της εικόνας. Η παραπάνω εκτίμηση συνεπικουρείται και από την είδηση των αρχείων του Μουσείου, σύμφωνα με την οποία η εικόνα προέρχεται από τα Κειμήλια Προσφύγων της Μικράς Ασίας. Η τεχνοτροπική ταύτιση της Παναγίας Οδηγήτριας με τη ζωγραφική της Αγίας Σοφίας της Τραπεζούντας που χρονολογεί την εικόνα στο 13ο αιώνα, η δεδηλωμένη προέλευσή της από εκεί, μαζί με την ιδιαίτερα σύνθετη απόδοσή της εντάσσει το έργο στα σημαντικότερα δείγματα της ζωγραφικής των εικόνων. Τέλος, την όλη σημαντική παρουσία της εικόνας ολοκληρώνει ο γραπτός σταυρός στο πίσω μέρος του ξύλου της.

Διαστ. 0,83×0,58 μ.

Τ 191

ΒΙΒΛΙΟΓΡΑΦΙΑ Σωτηρίου 1931², 80. Sotiriou 1932, 93-94. Talbot-Rice 1937, 214. Sotiriou 1955, 19. Chatzidakis 1965, XXXI, LXXXIV, εικ. σ. 53. Χατζηδάκης 1966, 18. Chatzidakis 1966, XXX, LXXXIV, εικ. σ. 53. Chatzidakis 1970, 68, πίν. σ. 34. Chatzidakis s.a., 22, πίν. 7. Talbot-Rice 1974, 163, πίν. 167. Taylor 1979, εικ. 6. Chatzidakis 1980, 74, 223, εικ. σ. 76. Chatzidakis 1981, 134, εικ. σ. 178. Chatzidakis 1982, 134, εικ. σ. 178. Χατζηδάκη 1981, 87-88. Χατζηδάκη-Μπαχάρα 1982, 9-10, πίν. 2. Chatzidakis 1983, 223, εικ. σ. 76. Χατζηδάκη 1985-1986, 216, 220, 229, 232, εικ. 3, 26. Yon-Sers 1990, 103.

ARCHANGEL MICHAEL
First half of 14th century

The archangel is depicted in bust and frontal. In his right hand he holds a long sceptre and in the left supports a transparent globus crucifer on which can be discerned the large gold letters: X Δ K (initials of Christ Lord of the World or Christ Just Judge). He wears a raw-sienna sleeved chiton with a broad bichrome (red and dark green) clavus on the right shoulder and a dark green himation of mixed pigments.

A valiant figure with powerful broad shoulders, a wide chest and strong prominently jointed fingers, fill with his large angelic wings the width of the gold ground. Top left and right of the halo is the inscription in red capital letters: Ο ΑΡΧΩΝ ΜΙΧΑΗΛ (Archon Michael) and immediately below: Ο ΜΕΓΑC ΤΑΞΙΑΡΧΗC (The Great Taxiarch). Stylistically the image is rendered with exquisite and elaborate painterly means, indicative of a Constantinopolitan workshop with a long tradition and great experience.

The gilding is prudently apportioned and proficiently executed, both on the ground of the representation and in the supplementary elements, such as the gold striations on the chiton, the few gold highlights on the wings, the confidently written gold initials on the sphere, as well as the intricate gold cross painted atop it. The colours are composite, with successful and careful additions of pigments, creating a sensitive chromatic surface, as on the amply spread lavish himation, or are elsewhere carefully matched, as on the two-colour band of the clavus on the shoulder.

The modelling of the flesh is varied, in some places painterly, as on the robust fingers, and in others burnished, as on the face, imparting a radiance to the figure.

The rendering of details is composite too, such as the delicate tonal difference of the red on the lips, the asymmetrical placement of the rose patches on the archangel's youthful cheeks, the likewise asymmetrical arrangement of the highlights under the eyes and at the edges of the cheeks.

This inspired treatment of the figure has endowed it with an exceptional nobility, a restrained directness and a serious mien, along with a dynamic and lively presence.

The above elements, combined with care and expressed with clarity, perhaps over-emphasize the archangel's specific quality and most probably denote the icon's connection with or inclusion in a developed programme of eschatological content. The view has already been expressed that the icon must have belonged to a series of the Great Deesis, with Christ Judge and Pantocrator between the Virgin, Saint John the Baptist, the archangels Gabriel and Michael, and the apostles. Moreover, this iconographic ensemble consitutes a main eschatological theme in the representation of the Last Judgement. The icon's iconographic and morphological affinity to the depiction of Archangel Michael in a medallion at the centre and below the representation of the Last Judgement in the wall-paintings in the Chora Monastery has also been noted (Der Nersessian 1975, 324, fig. 8).

There the strongly enhanced presence of Archangel Michael is associated with his quality as leader of souls, which is appropriate to the character of the funerary chapel of the Chora Monastery in general and is linked with the Last Judgement in particular.

We believe that this special portrayal of the archangel in our icon lends itself to an analogous interpretation since it too is identified, as said above, with the archangel in the funerary chapel. The inscriptions on our icon seem also to advocate this view. Of the explanations of the initials on the globe (X Δ K) we would prefer the second — Christ Just Judge — which again alludes to the Last Judgement; the eponym of the archangel in our icon — Great Taxiarch — also alludes to its eschatological meaning, the quality of leader of souls.

The above remarks generate a further hypothesis; that the relationship of the icon to the iconography and overall morphology of the representation of Archangel Michael in the chapel of the Chora Monastery and the relationship of its painting (such as the distinctive characteristics of the representation with the highly burnished flesh) to an important workshop in the Byzantine capital date it to the first quarter of the fourteenth century and perhaps link it with the palladium icon in the chapel, since our icon's provenance from Constantinople is known.

Dim. 1,10×0,80 m.

T 2162

BIBLIOGRAPHY Μ. Σωτηρίου 1959α, 80-86, pl. 31-32. Χατζηδάκης 1960, 11. Χατζηδάκης 1961, no. 2. Sotiriou 1962, 16, pl. XIII. Grabar 1963, 175, pl. p. 173. Βοκοτό-πουλος 1964, 225. Vocotopoulos 1964², 266. Chatzidakis - Grabar 1965, 36, fig. 61. Chatzidakis 1965, XXXI, XXXII, LXXXIV, fig. 64, 65. Chatzidakis 1966, XXXI, LXXV, fig. 64, 65. Αχειμάστου-Ποταμιάνου 1966, 66, 68, 69. Chatzi-dakis 1970, 68, pl. p. 32. pl. 1, 2, p. 33. Chatzidakis s.a., 22, pl. 6. Χατζηδάκης 1974, 336, fig. 12. Der Nersessian 1975, 324, fig. 8. Taylor 1979, 60, fig. 60, 61. Chatzidakis 1980, 75, 224, fig. 96, 97. Chatzidakis 1983, 75, 224, fig. pp. 96, 97. Ζαμβακέλλης 1985, 21, pl. 3. Χατζηδάκη 1985-1986, 216, 220, 230, 231, fig. 8. Yon - Sers 1990, 132. Κωνστα-ντουδάκη-Κιτρομιλίδου 1993-1994, 191, 192, fig. 14. Βο-κοτόπουλος 1995, 213, fig. 95.

Εικονίζεται σε προτομή και μετωπικός. Στο δεξιό χέρι του κρατεί μεγάλο σκήπτρο και με το αριστερό υποβαστάζει διάφανη ένσταυρη σφαίρα, πάνω στην οποία διακρίνονται τα μεγάλα χρυσά γράμματα *Χ Δ Κ* (Χριστός Δεσπότης Κόσμου ή Χριστός Δίκαιος Κριτής). Φορεί χειριδωτό, στο χρώμα της ωμής σιέννας χιτώνα, με μεγάλο δίχρωμο σήμα στο δεξιό ώμο από κόκκινη και βαθυπράσινη ταινία και σύνθετο σε προσμείξεις χρωμάτων βαθυπράσινο επίσης ιμάτιο.

Γενναία μορφή, που χαρακτηρίζεται από γερούς και φαρδείς ώμους, ανοιχτό στέρνο, δυνατά και έντονα διαρθρωμένα δάχτυλα, καλύπτει με τις μεγάλες αγγελικές φτερούγες όλο το πλάτος του χρυσού βάθους. Πάνω αριστερά και δεξιά από το φωτοστέφανο του αρχαγγέλου διαβάζεται με κόκκινα κεφαλαία γράμματα η επιγραφή *Ο ΑΡΧΩΝ ΜΙΧΑΗΛ* και αμέσως πιο κάτω *Ο ΜΕΓΑΣ ΤΑΞΙΑΡΧΗC*. Τεχνοτροπικά η παράσταση αποδίδεται με εξαιρετικά και σύνθετα ζωγραφικά μέσα που δηλώνουν κωνσταντινουπολίτικο εργαστήριο με μεγάλη παράδοση και πείρα.

Σοφά μοιρασμένα τα χρυσώματα και με επίμονη επεξεργασία τόσο στο βάθος της παράστασης όσο και στα επιμέρους συμπληρωματικά στοιχεία, όπως στις χρυσοκονδυλιές του χιτώνα, στα λίγα χρυσά φωτίσματα στις φτερούγες, στα χρυσά και με άνεση γραμμένα αρχικά της σφαίρας, όπως και στο χρυσό και περίτεχνα ζωγραφισμένο σταυρό στην κορυφή της. Σύνθετα επίσης τα χρώματα με πετυχημένες και προσεκτικές προσμείξεις που κάνουν τη χρωματισμένη επιφάνεια ευαίσθητη, όπως στο άνετα απλωμένο και πλούσιο ιμάτιο ή αλλού με περισσή φροντίδα ταιριασμένα ή συμπληρωματικά, όπως στη δίχρωμη ταινία του σήματος στον ώμο.

Με ποικιλία αποδίδονται και τα σαρκώματα της μορφής αλλού ζωγραφικά, όπως στα στιβαρά δάχτυλα των χεριών, και αλλού με επίμονα στιλβώματα στο χρώμα, όπως εκείνα του προσώπου που κάνουν τη μορφή να λάμπει. Σύνθετη η απόδοση και στις λεπτομέρειες της παράστασης, όπως στην ευαίσθητη διαφορά του κόκκινου στα χείλη, την ασύμμετρη τοποθέτηση των ρόδινων κηλίδων στις νεανικές παρειές του αρχαγγέλου, ασύμμετρη και η διευθέτηση των φώτων κάτω από τα μάτια και στις άκρες των μήλων.

Η εμπνευσμένη αυτή απόδοση οδήγησε στην έκφραση εξαιρετικής ευγένειας της μορφής, συγκρατημένης αμεσότητας, σοβαρού ήθους και παράλληλα δύναμης και ζωντανής παρουσίας.

Τα παραπάνω στοιχεία, με επιμονή συνδυασμένα και με σαφήνεια εκφρασμένα, υπερτονίζουν ίσως συγκεκριμένη ιδιότητα του αρχαγγέλου και δηλώνουν πιθανότατα σχέση ή ένταξη της εικόνας σε αναπτυγμένο πρόγραμμα εσχατολογικού θέματος. Ήδη έχει εκφραστεί η άποψη ότι η εικόνα πρέπει να ανήκε σε σειρά φορητών εικόνων Μεγάλης Δέησης με τον Χριστό Κριτή και Παντοκράτορα ανάμεσα στην Παναγία, τον Ιωάννη τον Πρόδρομο, τους αρχαγγέλους Γαβριήλ και Μιχαήλ και τους αποστόλους. Το εικονογραφικό αυτό σύνολο αποτελεί κύριο εσχατολογικό θέμα ενταγμένο άλλωστε στην παράσταση της Δευτέρας Παρουσίας. Έχει όμως επίσης παρατηρηθεί η εικονογραφική και μορφολογική συγγένεια της εικόνας με τον αρχάγγελο Μιχαήλ που εικονίζεται σε μετάλλιο στο κέντρο και κάτω από την τοιχογραφημένη παράσταση της Δευτέρας Παρουσίας στο παρεκκλήσιο της Μονής της Χώρας (Der Nersessian 1975, 324, εικ. 8).

Η έντονα εκεί προβαλλόμενη παρουσία του αρχαγγέλου Μιχαήλ συνδέθηκε με την ιδιότητά του ως ψυχοπομπού που εντάσσεται στο γενικότερο χαρακτήρα του ταφικού παρεκκλησίου της Μονής της Χώρας και ειδικότερα συνδέεται με τη Δευτέρα Παρουσία.

Με ανάλογη θεώρηση πιστεύουμε ότι πρέπει να ερμηνευθεί η ιδιαίτερη αυτή απόδοση του αρχαγγέλου και στην εικόνα μας, η οποία ταυτίζεται, όπως προαναφέρθηκε και με τον αρχάγγελο του ταφικού παρεκκλησίου.

Σε αυτό συνηγορούν ίσως και οι ίδιες οι επιγραφές της εικόνας. Από τις ερμηνείες των αρχικών της σφαίρας *ΧΔΚ* θα προτιμήσουμε τη δεύτερη· Χριστός Δίκαιος Κριτής, που παραπέμπει και πάλι στη Δευτέρα Παρουσία, στο εσχατολογικό νόημα της οποίας οδηγεί και η επωνυμία του αρχαγγέλου της εικόνας μας *Ο ΜΕΓΑC ΤΑΞΙΑΡΧΗC* — με την ιδιότητα του ψυχοπομπού.

Τέλος, οι παραπάνω παρατηρήσεις επιτρέπουν και μία ακόμη υπόθεση. Ότι η σχέση της εικόνας με την εικονογραφία και την όλη μορφολογία της παράστασης του αρχαγγέλου Μιχαήλ στο παρεκκλήσιο της Μονής της Χώρας, η σχέση των ζωγραφικών μέσων της με σημαντικό εργαστήριο της Κωνσταντινούπολης, όπως και τα ιδιαίτερα χαρακτηριστικά της παράστασης με τα εξαιρετικά στιλβωμένα σαρκώματα μπορούν να χρονολογήσουν το έργο στο πρώτο μισό του 14ου αιώνα και να το συνδέσουν με την τιμώμενη ίσως εικόνα του ίδιου του παρεκκλησίου, εφόσον είναι επίσης γνωστή η προέλευση της εικόνας μας από την Κωνσταντινούπολη.

Διαστ. 1,10×0,80 μ.

Τ 2162

ΒΙΒΛΙΟΓΡΑΦΙΑ Μ. Σωτηρίου 1959α, 80-86, πίν. 31-32. Χατζηδάκης 1960, 11. Χατζηδάκης 1961, αριθ. 2. Sotiriou 1962, 16, πίν. XIII. Grabar 1963, 175, πίν. σ. 173. Βοκοτόπουλος 1964, 225. Vocotopoulos 1964², 266. Chatzidakis - Grabar 1965, 36, εικ. 61. Chatzidakis 1965, XXXI, XXXII, LXXXIV, εικ. 64, 65. Chatzidakis 1966, XXXI, LXXV, εικ. 64, 65. Αχειμάστου-Ποταμιάνου 1966, 66, 68, 69. Chatzidakis 1970, 68, πίν. σ. 32. πίν. 1, 2, σ. 33. Chatzidakis s.a., 22, πίν. 6. Χατζηδάκης 1974, 336, εικ. 12. Der Nersessian 1975, 324, εικ. 8. Taylor 1979, 60, εικ. 60, 61. Chatzidakis 1980, 75, 224, εικ. 96, 97. Chatzidakis 1983, 75, 224, εικ. σ. 96, 97. Ζαμβακέλλης 1985, 21, πίν. 3. Χατζηδάκη 1985-1986, 216, 220, 230, 231, εικ. 8. Yon - Sers 1990, 132. Κωνσταντουδάκη-Κιτρομιλίδου 1993-1994, 191, 192, εικ. 14. Βοκοτόπουλος 1995, 213, εικ. 95.

SAINT GEORGE
14th century

The saint is portrayed in bust and frontal, with a large yellow halo, projected against a dark ochre ground. In the right hand he holds a long spear and with the left, in front of the chest, a round shield, above which the hilt of his sword protrudes. On the convex surface of the shield is a stellar device, in the lozenge-shaped centre of which is a human face in monochromy. The main feature of the saint's military attire is the deep blue cuirass, reinforced by an additional accoutrement, one part of which covers the sternum in a semicircle while the other girds the torso above the waist. Interesting details are the loosened necklet that falls on the right shoulder and the edge of the mantle hanging over the left, signifying that the soldier is at rest after action.

The saint's youthful face is executed in lambent colours with delicate rouging on the cheeks and large brown-black eyes imparting a sobre expression and serious mien. The whole figure is imbued with a noble dignity that leads us confidently to an important workshop in the Byzantine capital. Although the work possibly comes from Cappadocia, its Constantinopolitan origin is further indicated by its stylistic relationship to the precious Palaeologan icon of Archangel Michael, Cat. no. 7, in the Byzantine Museum, the Constantinopolitan origin of which is not only confirmed by documentation in the Museum archives, but also by its stylistic traits, which bear the stamp of an imperial workshop of the fourteenth century.

Comparison of the two works has demonstrated at least stylistic dependence of the icon of Saint George on the painting artifices of the representation of the archangel. Both icons display remarkable affinity in the manner of modelling the flesh, with the same deft brushstrokes on the ochre-brown foundation, the sensitive rose patches on the youthful cheeks and the rendering of the facial features. Intense dark irises cover the whites of the eyes in both figures, the pink lips are full and the chin highlighted in the same way. There is striking correspondence too in the depiction of the right hand, holding the sceptre on the archangel and the spear on Saint George, with the same naturally articulated fingers.

It thus seems that the icon of Saint George is associated with an important workshop in Constantinople and belongs to a series of delectable works of Palaeologan painting from the Capital.

Dim. 0,75×0,50 m.

T 198

CONSERVATION Th. Papageorgiou.

BIBLIOGRAPHY Σωτηρίου 1931², 80. Sotiriou 1932, 94. Sotiriou 1955, 19. Chatzidakis 1970, 69, pl. 1. Chatzidakis s.a., 24, pl. 13. Taylor 1979, 44, fig. p. 44. Χατζηδάκη-Μπαχάρα 1982, 10, pl. 3. Χατζηδάκη 1985-1986, 216, 220, 229, 230, 232, fig. 5, 18.

Ο ΑΓΙΟΣ ΓΕΩΡΓΙΟΣ
14ος αι.

8.

Ο άγιος εικονίζεται σε προτομή και μετωπικός, με μεγάλο σε κίτρινο χρώμα φωτοστέφανο και σε βάθος από σκούρα ώχρα. Κρατεί στο δεξιό χέρι μακρύ δόρυ και φέρει με το αριστερό μπροστά στο στήθος στρογγυλή ασπίδα, πάνω από την οποία προβάλλει η λαβή του ξίφους του. Στην κυρτή εξωτερική επιφάνεια της ασπίδας γράφεται σταυρικό σχήμα, στο ρομβωτό κέντρο του οποίου διακρίνεται σε μονοχρωμία αποτροπαϊκό πρόσωπο μορφής. Η στρατιωτική στολή του χαρακτηρίζεται κυρίως από το σκουρογάλανο θώρακα, ενισχυμένο από πρόσθετη σύνθετη ζώνη, που με το ένα μέρος της καλύπτει ημικυκλικά το στέρνο και με το άλλο περιβάλλει τον κορμό πάνω από την οσφύ. Ενδιαφέρουσα λεπτομέρεια αποτελεί το λυμένο περιλαίμιο, που πέφτει πάνω στο δεξιό ώμο του και η πτυχωτή απόληξη του μανδύα του, που κρέμεται πάνω από τον αριστερό δηλώνοντας ανάπαυση του πολεμιστή μετά από δράση.

Το νεανικό πρόσωπο του αγίου δίνεται με φωτεινά χρώματα, με ευαίσθητους κόκκινους γλυκασμούς στις παρειές και με μεγάλες σκουροκάστανες τις ίριδες των ματιών σε έκφραση και ήθος σοβαρό. Η όλη μορφή αποπνέει εξαιρετική ευγένεια, που οδηγεί με ασφάλεια σε σημαντικό εργαστήριο της Κωνσταντινούπολης. Η κωνσταντινουπολίτικη καταγωγή του έργου, παρά την πιθανή προέλευσή του από την Καππαδοκία, αποδεικνύεται επίσης και από την τεχνοτροπική σχέση που έχει με την πολύτιμη παλαιολόγεια εικόνα του αρχαγγέλου

Μιχαήλ του Βυζαντινού Μουσείου (αριθ. Κατ. 7). Είναι γνωστό επίσης ότι η κωνσταντινουπολίτικη καταγωγή της εικόνας του αρχαγγέλου έχει αποδειχθεί όχι μόνο από την τεκμηριωμένη από τα αρχεία του Μουσείου προέλευση του έργου από εκεί, αλλά και από τα τεχνοτροπικά χαρακτηριστικά του που φέρουν τη σφραγίδα αυτοκρατορικού εργαστηρίου του 14ου αιώνα.

Η σύγκριση των δύο έργων απέδειξε τουλάχιστον τεχνοτροπική εξάρτηση της εικόνας του αγίου Γεωργίου από τα ζωγραφικά ευρήματα της παράστασης του αρχαγγέλου. Εντυπωσιακή είναι η συγγένεια των δύο εικόνων στον τρόπο που αποδίδονται τα πλασίματα στα σαρκώματα με τις ίδιες γρήγορες κινήσεις του χρωστήρα στον ωχροκάστανο προπλασμό, τις ευαίσθητες ρόδινες κηλίδες στις νεανικές παρειές και την ίδια απόδοση των χαρακτηριστικών του προσώπου. Μεγάλες και έντονες μαύρες ίριδες καλύπτουν το άσπρο των ματιών και στις δύο μορφές, τα χείλη είναι γεμάτα και ρόδινα, ίδια φωτισμένο το πηγούνι. Απόλυτη επίσης είναι η ταύτιση στην απόδοση του δεξιού χεριού τους – κρατεί το σκήπτρο στην εικόνα του αρχαγγέλου και το δόρυ στην εικόνα του Γεωργίου – με τα ίδια φυσικά διαρθρωμένα δάχτυλα.

Από αυτή τη θεώρηση η εικόνα του αγίου Γεωργίου φαίνεται να συνδέεται με σημαντικό εργαστήριο της Πόλης και εντάσσεται στη σειρά των πολύτιμων έργων της παλαιολόγειας ζωγραφικής της Πρωτεύουσας.

Διαστ. 0,75×0,50 μ.

Τ 198

ΣΥΝΤΗΡΗΣΗ Θ. Παπαγεωργίου.

ΒΙΒΛΙΟΓΡΑΦΙΑ Σωτηρίου 1931², 80. Sotiriou 1932, 94. Sotiriou 1955, 19. Chatzidakis 1970, 69, πίν. 1. Chatzidakis s.a., 24, πίν. 13. Taylor 1979, 44, εικ. σ. 44. Χατζηδάκη-Μπαχάρα 1982, 10, πίν. 3. Χατζηδάκη 1985-1986, 216, 220, 229, 230, 232, εικ. 5, 18.

Prophet Daniel, a young unbearded figure, is portrayed in frontal pose with his arms open in intercession. Standing in a built pit in front of an indeterminate rocky landscape, he wears a short knee-length greenish blue chiton and a red mantle that covers his shoulders and fastens in front on the chest. He faces right, where, on the gold ground of the icon, depicted in bust and in miniature scale, an angel leads a young man towards him. This is obviously the prophet Habbakuk, who with the angel's assistance fed Daniel in the Lions' Den. The two-handled vessel he holds is the significative detail for his identification.

The representation, the creation of which is traced back to Early Christian times, reappeared in Palaeologan art (Αρχοντόπουλος 1986, 14) and was used in important wall-painting ensembles such as in Hagios Demetrios at Peć, at Dečani and at Kalenzicha. The return and elaboration of this subject in Palaeologan painting is undoubtedly associated with theological discussions and inquiries in the fourteenth century. As is well known, in the early years of that century Byzantine philosophical thinking was much concerned with prefigurations of the New Testament in the Old Testament (Μπαλτογιάννη 1991β, 362-372). Among the most characteristic expressions of this tendency are the apologiae of John Cantacuzenos, which he addressed to Mohammed with the aim there of proving Christ's descent from Abraham (Μπαλτογιάννη 1993, no. 209). Consistent with this fourteenth-century trend

of recourse to the early exegetic texts of the Old Testament, in order to interpret prefigurations or to locate the realization of the prefigurations in the New (Μπαλτογιάννη 1991β, op. cit.), is the return of the subject of Daniel with Habbakuk.

As has already been observed (Αρχοντόπουλος 1986, op. cit.), the episode of Daniel being fed by Habbakuk had been associated since the twelfth century with the Presentation of the Virgin in the Temple and her sojourn in the Holy of Holies, where she was fed by the angel. This, by extension, was characterized as a prefiguration of the liturgical meaning of the Holy Eucharist itself. It is observed furthermore that the two-handled vase in our icon is of the same shape as that frequently held by the angel in the Presentation of the Virgin in the Temple. As is to be expected, the revival of these theological concepts in the fourteenth century stimulated art, which, always sponsor of the Byzantines' theocratic discourse, was again mobilized for similar pictorial explications.

In a Palaeologan renaissance atmosphere, the prophet is shown standing, with his arms open in a theatrical gesture of intercession, and in slight contrapposto, with the torso frontal and the face turned three-quarters towards Habbakuk and the angel. The latter figures are drawn on a much smaller scale and in a charming manner.

Notwithstanding the above and the serious doctrinal meanings with which the representation is charged, in this work too Palaeologan art is expressed with its own refined renaissance means.

Dim. 0,28×0,225 m.

T 1556

BIBLIOGRAPHY Sotiriou 1955, 31, pl. XIII. Sotiriou 1962, 16, pl. X. Chatzidakis 1970, 69, pl. 3. Χατζηδάκης 1974, 336, fig. 16. Chatzidakis s.a., 23, pl. 10. Taylor 1979, 39, fig. p. 39. Αρχοντόπουλος 1986, 14.

9

Ο ΠΡΟΦΗΤΗΣ ΔΑΝΙΗΛ
14ος αι.

Ο προφήτης Δανιήλ, νεαρή και αγένεια μορφή, εικονίζεται όρθιος και μετωπικός με τα χέρια ανοιχτά σε δέηση. Στέκει σε κτιστό λάκκο μπροστά από ακαθόριστο βράχινο τοπίο και φορεί κοντό μέχρι τα γόνατα πρασινογάλανο χιτώνα και κόκκινο μανδύα, που καλύπτει τους ώμους του και δένει μπροστά στο στήθος. Γυρίζει το πρόσωπό του προς τα δεξιά της εικόνας, στο χρυσό βάθος της οποίας πλέουν σε προτομή και σε κλίμακα μικρογραφίας νεαρός άνδρας που οδηγείται προς τον άγιο από άγγελο. Πρόκειται προφανώς για τον προφήτη Αββακούμ που με τη βοήθεια αγγέλου έτρεφε τον Δανιήλ στο Λάκκο των Λεόντων. Το δίωτο σκεύος που κρατεί, αποτελεί το σημαίνον στοιχείο για την ταύτιση της μορφής με τον Αββακούμ.

Η παράσταση, η δημιουργία της οποίας ανάγεται στα παλαιοχριστιανικά χρόνια, επανέρχεται στην παλαιολόγεια ζωγραφική (Αρχοντόπουλος 1986, 14) και ζωγραφίζεται σε σημαντικά τοιχογραφημένα σύνολα, όπως στον Άγιο Δημήτριο στο Peć, στη Dečani, στην Kalentzicha.

Η επιστροφή και επεξεργασία αυτού του θέματος στην παλαιολόγεια ζωγραφική συνδέεται ασφαλώς με θεολογικές συζητήσεις και προβληματισμούς που χαρακτηρίζουν το 14ο κυρίως αιώνα. Τα θέματα της Παλαιάς Διαθήκης σε σχέση με τις προεικονίσεις της Καινής Διαθήκης απασχόλησαν, όπως είναι γνωστό, τη φιλοσοφική σκέψη των βυζαντινών κατά τα πρώτα χρόνια του 14ου αιώνα (Μπαλτογιάννη 1991β, 362-372). Από τις χαρακτηριστικότερες εκφράσεις αυτής της τάσης αποτελούν οι απολογίες του Ιωάννη του Καντακουζηνού, που απηύθυνε στον Μωάμεθ με σκοπό εκεί να αποδειχθεί η καταγωγή του Χριστού από τον Αβραάμ (Μπαλτογιάννη 1993, αριθ. 209). Σε αυτή την τάση του 14ου αιώνα με την επιστροφή στα παλαιά εξηγητικά κείμενα της Παλαιάς Διαθήκης για να ερμηνευθούν προεικονίσεις ή για να εντοπιστεί η πραγμάτωση των προεικονίσεων στην Καινή Διαθήκη (Μπαλτογιάννη 1991β, ό.π.), εντάσσεται και η επιστροφή του θέματος του Δανιήλ με τον Αββακούμ.

Όπως έχει παρατηρηθεί (Αρχοντόπουλος 1986, ό.π.), το επεισόδιο του Δανιήλ που τρέφεται από τον Αββακούμ είχε συνδεθεί ήδη από το 12ο αιώνα με τα Εισόδια της Παναγίας στο ναό και την παραμονή της στα Άγια των Αγίων, όπου η Παναγία τρεφόταν εκεί από τον άγγελο. Σε προέκταση το επεισόδιο χαρακτηρίστηκε προεικόνιση του ίδιου του λειτουργικού νοήματος της Θείας Ευχαριστίας. Παρατηρήθηκε, επιπλέον, ότι το δίωτο αγγείο της εικόνας μας έχει συχνά τη μορφή εκείνου που κρατεί ο άγγελος στα Εισόδια. Η αναβίωση στο 14ο αιώνα αυτών των θεολογικών εννοιών προκάλεσε, όπως ήταν φυσικό, και την τέχνη που, όπως πάντοτε χορηγός στις θεοκρατικές συζητήσεις των βυζαντινών, επιστρατεύτηκε και πάλι για παρόμοιες εικαστικές εκφράσεις.

Σε παλαιολόγεια αναγεννησιακή ατμόσφαιρα ο προφήτης παριστάνεται όρθιος με ανοιχτά τα χέρια του σε θεατρική χειρονομία δέησης και είναι σε ελαφρό contrapposto, με τον κορμό κατενώπιον και το πρόσωπο γυρισμένο κατά τα τρία τέταρτα προς τον Αββακούμ και τον άγγελο. Οι μορφές επίσης του Αββακούμ και του αγγέλου αποδίδονται σε πολύ μικρότερη κλίμακα και με χαριτωμένο χαρακτήρα.

Παρά τα παραπάνω και τα τόσο σοβαρά δογματικά νοήματα που φορτίζουν την παράσταση, η παλαιολόγεια τέχνη εκφράζεται και εδώ με τα δικά της εκλεπτυσμένα και αναγεννησιακά μέσα.

Διαστ. 0,28×0,225 μ.

Τ 1556

ΒΙΒΛΙΟΓΡΑΦΙΑ Sotiriou 1955, 31, πίν. XIII. Sotiriou 1962, 16, πίν. X. Chatzidakis 1970, 69, πίν. 3. Χατζηδάκης 1974, 336, εικ. 16. Chatzidakis s.a., 23, πίν. 10. Taylor 1979, 39, εικ. σ. 39. Αρχοντόπουλος 1986, 14.

DOUBLE-SIDED ICON
SIDE A: THE CRUCIFIXION
SIDE B: THE VIRGIN AND CHILD
14th century

SIDE A The Crucifixion is represented with only the three protagonists in the event, outside the walls of Jerusalem with a row of edicules and trees between them.

Christ hangs from a large Cross, fixed in the ground with stakes and stones. His hands are nailed to the long transvers beam and the arms outstretched, while his body does not droop deeply. His head is inclined to the right shoulder, his knees are flexed slightly and the feet nailed separately. He wears a pleated loincloth with pointed end that falls to the left. Below the Cross, the Virgin stands left, her body tightly wrapped up to the chin in a lapis-lazuli blue maphorion. The sole discernible feature of the figure is the left hand which she brings up to her face, with the thumb most probably touching her lips. Her whole pose and bearing convey the impression of a dignified lament and her slender figure with only the head bowed alludes to a funerary candle. More human is the figure of Saint John, right, indulging in his deep grief with his body bent, his head resting on his right hand and his left arm dangling. The sorrow of the scene is completed by two angels flying towards the Cross.

Iconographically the representation displays elements that have so far been attributed to western painting. The pose and gesture of the Virgin, from whose closed mourning maphorion only on hand protrudes, bringing her thumb most probably to the lips, are first encountered in the liturgical scroll of Perugia (Buchtal 1957, 48, pl. 57). The Virgin in our icon is also very similar to the corresponding figure in the Crucifixion in the Egerton liturgical scroll (Buchtal 1957, op. cit.), where too only on hand protrudes from the closed maphorion, and its position and gesture are exactly the same.

Comparison of our icon with other elements in both the Perugia and the Egerton manuscript is revealing. The pose and movement of John are shown in the very same way, and, even more important, there is a striking similarity in the rendering of the Crucified Christ. His position is the same, not hanging completely from the Cross yet with the head inclined deeply to the right and the legs bent. The loincloth is the same too, with the same oblique pointed end and arranged in more or less the same manner.

We do not know the actual relationship of the painter of our icon to the two manuscripts from the twelfth-century Crusader scriptoria, just as we do not know whether they could really have been the model for the rendering of this very important Palaeologan representation. Of interest in this respect is the icon's architectural background with the edicules set in the walls of Jerusalem and the leafy trees between them.

In conclusion we would say that the Byzantine Museum Crucifixion applies pictorial solutions and iconographic artifices not usual in the Palaeologan version of the Crucifixion. The representation is linked with the inquiries and innovations of early Palaeologan painting that apparently existed in the fourteenth century too, to the first half of which our icon seems to date.

The scene of the Crucifixion, which was rendered in Byzantine art as the culminating moment of Christ's redemptive sacrifice, has found in the Byzantine Museum icon perhaps one of its most important expressions. Deeply dogmatic, with its profound pictorial economy, the representation that enhances Christ and his sacrifice, with only two important witnesses to the event, the Virgin bearing her grief with decorum and his beloved disciple John, is painted with exceptional means.

The inscription on the horizontal arm of the Cross — H CTAYPΩCIC – is elegantly written and correctly spelt, the figures' expression and movement are imbued with nobility, the rendering of the lamentation is classical. The dense gold striations on the fringed edge of the Virgin's maphorion and on its intricate stars, as well as on the clavus on the shoulder of John's deep blue sleeved chiton, and on the folded part of the edges visible under his ample and lavish himation, again attest the refinement and affluence of both the workshop and the client.

Excellent too is the treatment of the colours, prepared from once precious pigments and carefully burnished, achieving a result that bespeaks a great workshop, surely associated with the imperial circle at Constantinople.

SIDE B Despite the damage that even encroaches on the Virgin's face, the representation continues to preserve the elements of its dogmatic content and high art.

The Virgin is depicted in bust with Christ in her left arm, her torso turned three-quarters towards the Child and her gaze directed at the beholder. Her right hand rests carefully on Christ's knee, to which gesture he responds similarly, turning his body and face slightly towards his mother. Clad in an ochre-red chiton with dense gold striations, very close in tone to his cloth-of-gold himation, he blesses with his right hand and holds a closed scroll, horizontal to the foreground, in the left. The Virgin is enveloped in a deep purple maphorion that leaves only a very small triangular opening on the throat. Her sleeved chiton, as discerned from the cuffs, is the same deep blue as the maphorion of the Virgin in the Crucifixion on the other side of the icon.

The ethos of the figures is serious to severe and despite the clear commune between Mother and Child, the image remains monumental, emphasizing its significative aspect. One of the meaningful elements of this dimension is the iconographic detail of the Virgin's hand on Christ's knee. This gesture of the Theotokos, with the hieratical touch of the Child, alludes to the meaning of the Incarnation and is applied from Middle Byzantine times. It returns in Palaeologan painting, in important early fourteenth-century icons (Βασιλάκη-Καρακατσάνη 1966-1969, 200ff.), outstanding among which is the precious icon in the Vatopedi Monastery (Βασιλάκη-Καρακατσάνη 1966-1969, op. cit.), with which the Byzantine Museum icon is identified in iconographic type and individual details.

Despite the correspondence in the iconography of the two works, the Byzantine Museum Virgin and Child seems to differ mainly in its stylistic traits. It displays earlier elements with harsher means, such as the robust Child, the strongly articulated fingers, the Virgin's perfectly oval face with firmly modelled flesh, the small mouth, the serious yet animated gaze.

These traits, which refer also to more realistic details yet in no way diminish the monumental appearance of the representation, bear witness to the work's relation to Palaeologan monuments of the early fourteenth century and still close to the expressive means of the double-sided icon in Ochrid with the Virgin Psychosostria and the Annunciation (Djurić 1961, no. 14).

Dim. 1,03×0,85 m.

T 169

CONSERVATION G. Skaraki (1998).

BIBLIOGRAPHY Σωτηρίου 1931², 78-79. Sotiriou 1932, 91, fig. 59. Talbot-Rice 1937, 32. Bettini 1937, 56, fig. p. 54. Sotiriou 1955, 19, pl. XIX. Felicetti-Liebenfels 1956, 70, pl. 82A. Χατζηδάκης 1961-1962, 8, pl. 4β-γ. Sotiriou 1962, 17, pl. XVI. Βοκοτόπουλος 1964, 205, pl. 186. Vocotopoulos 1964², 246, pl. 186. Chatzidakis - Grabar 1965, 36, fig. 57. Chatzidakis 1965, XXXIII, LXXXIV, fig. p. 55. Chatzidakis 1966, XXXIII, LXXXIV, fig. p. 55. Αχειμάστου-Ποταμιάνου 1966, 65, σημ. 12. Βασιλάκη-Καρακατσάνη 1966-1969, 203, 205, pl. 83. Chatzidakis 1970, 67, 68, pl. p. 27, pl. 1, 2, p. 28. Χατζηδάκης 1974, 336, fig. 17. Chatzidakis s.a., 22, pl. 4. Taylor 1979, 11, fig. pp. 10, 11. Chatzidakis 1980, 78, 223, fig. 79. Χατζηδάκη 1981, 87-88. Chatzidakis 1983, 78, 80, 223, fig. p. 79. Μπαλτογιάννη 1985, 54-55, 84. Baltoyanni 1986, 51, 78. Yon - Sers 1990, 238. Βοκοτόπουλος 1995, 209, fig. 82.

ΑΜΦΙΠΡΟΣΩΠΗ ΕΙΚΟΝΑ
Α΄ ΟΨΗ : Η ΣΤΑΥΡΩΣΗ
Β΄ ΟΨΗ: ΠΑΝΑΓΙΑ ΒΡΕΦΟΚΡΑΤΟΥΣΑ
14ος αι.

Α΄ ΟΨΗ Η Σταύρωση παριστάνεται με μόνο τα τρία πρωταγωνιστικά πρόσωπα του δρώμενου έξω από τα τείχη της Ιερουσαλήμ με σειρά από οικίσκους και δένδρα ανάμεσά τους.

Ο Χριστός κρέμεται σε μεγάλο Σταυρό πακτωμένο με πασσάλους και πέτρες στο έδαφος. Τα χέρια του καρφωμένα στη μεγάλη οριζόντια κεραία είναι τεντωμένα και ο κορμός του δεν καμπυλώνεται βαθιά. Το κεφάλι του έχει γείρει στο δεξιό ώμο του, τα γόνατά του λυγίζουν ελαφρά και τα πόδια του είναι καρφωμένα με ένα καρφί το κάθε ένα. Φορεί πτυχωτό περίζωμα με μυτερή απόληξη που πέφτει αριστερά. Κάτω από το Σταυρό και αριστερά στέκει η Παναγία με όρθιο τον κορμό τυλιγμένη σφιχτά με το μπλέ του lapis lazuli μαφόριο που τη σκεπάζει μέχρι το πηγούνι της. Από την όλη μορφή διακρίνεται μόνο το αριστερό χέρι της, που φέρνει στο πρόσωπο, με τον αντίχειρα πιθανότατα στα χείλη. Η όλη στάση και έκφρασή της αφήνει την εντύπωση του κόσμιου θρήνου και ο όρθιος ραδινός κορμός της με σκυμμένη μόνο την κεφαλή παραπέμπει σε νεκρική λαμπάδα. Περισσότερο ανθρώπινος ο Ιωάννης δεξιά αφήνεται στη βαθιά θλίψη του με λυγισμένο τον κορμό και την κεφαλή ακουμπισμένη στο δεξιό χέρι του. Το αριστερό πέφτει προς τα κάτω. Το θρήνο της σκηνής συμπληρώνουν οι δύο άγγελοι που πετούν προς το Σταυρό. Εικονογραφικά η παράσταση παρουσιάζει στοιχεία που έχουν μέχρι τώρα αποδοθεί στη δυτική ζωγραφική. Η στάση και η κίνηση της Παναγίας, από το κλειστό και πένθιμο μαφόριο της οποίας προβάλλει μόνο το ένα χέρι της, που φέρνει στο πρόσωπο με τον αντίχειρα πιθανότατα στα χείλη της, είναι στοιχείο που πρωτοεντοπίστηκε στο λειτουργικό ειλητάριο της Perugia (Buchtal 1957, 48, πίν. 57). Περισσότερη ομοιότητα παρουσιάζει επίσης η Παναγία της εικόνας μας με την αντίστοιχη μορφή της ίδιας παράστασης στο λειτουργικό ειλητάριο του Egerton (Buchtal 1957, ό.π.). Εκεί, όπως συμβαίνει και με την εικόνα μας, από

το κλειστό μαφόριο της Παναγίας προβάλλει μόνο το ένα χέρι, η στάση και η κίνηση του οποίου είναι επίσης ίδια με εκείνη της εικόνας του Βυζαντινού Μουσείου.

Εντύπωση, επίσης, προκαλεί η σύγκριση και με τα άλλα στοιχεία τόσο της Σταύρωσης της Perugia όσο και της Σταύρωσης του χειρογράφου στο Egerton. Και στις δύο παραστάσεις με τις οποίες συγκρίνεται η Σταύρωση του Βυζαντινού Μουσείου η στάση και η κίνηση του Ιωάννη αποδίδονται με τον ίδιο ακριβώς τρόπο. Το σημαντικότερο στοιχείο που προκύπτει από αυτή τη σύγκριση είναι η ομοιότητα στην απόδοση του Εσταυρωμένου Χριστού. Η ίδια θέση του Χριστού που δεν κρέμεται τελείως από το Σταυρό, το κεφάλι παρ' όλα αυτά να γέρνει βαθιά στο δεξιό του ώμο, τα πόδια του να λυγίζουν. Ίδια επίσης αποδίδεται το περίζωμα με την ίδια μυτερή και σε λοξή διάταξη απόληξη και με τον ίδιο περίπου τρόπο διευθέτησής του.

Δεν γνωρίζουμε ποια μπορεί να είναι η πραγματική σχέση του ζωγράφου της εικόνας μας με τα δύο χειρόγραφα των σταυροφοριακών εργαστηρίων του 12ου αιώνα και αν πραγματικά θα μπορούσαν να αποτελέσουν το πρότυπο για την απόδοση αυτής της τόσο σημαντικής παλαιολόγειας παράστασης. Ενδιαφέρον επίσης παρουσιάζει και από αυτή τη θεώρηση και το αρχιτεκτονικό βάθος της παράστασης με τους οικίσκους στα τείχη της Ιερουσαλήμ και τα δένδρα με τα φουντωτά φυλλώματα ανάμεσά τους.

Συμπερασματικά, θα λέγαμε ότι η εικόνα του Βυζαντινού Μουσείου εφαρμόζει ζωγραφικές λύσεις και εικονογραφικά ευρήματα όχι συνήθη στην υπόλοιπη παλαιολόγεια απόδοση της Σταύρωσης. Η όλη παράσταση συνδέεται με τις αναζητήσεις και τους νεωτερισμούς της πρώιμης παλαιολόγειας ζωγραφικής, που φαίνεται να υπάρχουν και στο 14ο αιώνα, στο πρώτο μισό του οποίου πιθανότατα ανήκει και η εικόνα μας.

Η σκηνή της Σταύρωσης, που αποδόθηκε στη βυζαντινή τέχνη ως η κορυφαία στιγμή της λυτρωτικής θυσίας του Χριστού, βρήκε στην εικόνα του Βυζαντινού Μουσείου μία από τις σημαντικότερες ίσως εκφράσεις της. Βαθιά δογματική με τη βαρύνουσα εικαστική οικονομία της η παράσταση που αφήνει να προβάλλεται ο Χριστός και η θυσία του με δύο μόνο σημαντικούς μάρτυρες του δρώμενου, τη βαθιά θλιμμένη και κοσμίως το πάθος φέρουσα Παναγία και τον αγαπημένο μαθητή του Ιωάννη, αποδίδεται με εξαιρετικά ζωγραφικά μέσα.

Ιδιαίτερα εκλεπτυσμένη και ορθογραφημένη η επιγραφή της οριζόντιας κεραίας: *Η CTAYPΩCIC*, ευγενική η έκφραση και η κίνηση των μορφών, κλασική η απόδοση του θρήνου. Οι πυκνές χρυσογραφίες στην κροσσωτή παρυφή του μαφορίου της Παναγίας και στα περίτεχνα αστέρια του, στο σήμα του ώμου στο βαθυγάλανο χειριδωτό χιτώνα του Ιωάννη και στο πτυχωτό τμήμα των παρυφών, που διακρίνεται κάτω από το άνετο και πλούσιο επίσης ιμάτιό του, μαρτυρούν και πάλι επιμέλεια και άνεση τόσο του εργαστηρίου όσο και του παραγγελιοδότου.

Άριστα επίσης επεξεργασμένα και κάποτε πολύτιμα τα χρώματα στιλβώνονται προσεκτικά, προσφέροντας αποτέλεσμα μεγάλου εργαστηρίου, που θα αποδίδαμε μόνο στον αυτοκρατορικό κύκλο της Πρωτεύουσας.

Β΄ ΟΨΗ Με φθορές που αγγίζουν και το πρόσωπο της Παναγίας η παράσταση εξακολουθεί να κρατεί τα στοιχεία της δογματικής φόρτισης και της υψηλής τέχνης της.

Η Παναγία εικονίζεται σε προτομή με τον Χριστό στο αριστερό της χέρι. Γυρίζει κατά τα τρία τέταρτα τον κορμό προς το παιδί και τη ματιά της προς τον προσκυνητή. Το δεξιό χέρι της ακουμπά προσεκτικά στο γόνατό του. Ο Χριστός ανταποκρίνεται με τον ίδιο τρόπο σε αυτή την κίνηση γυρίζοντας ελαφρά τον κορμό και το πρόσωπο προς τη μητέρα του. Φορεί ωχροκόκκινο χιτώνα με πυκνές χρυσοκονδυλιές, πολύ κοντά χρωματικά με το χρυσόνημο επίσης ιμάτιό του. Ευλογεί και κρατεί στο αριστερό χέρι του κλειστό ειλητάριο σε οριζόντια με το έδαφος θέση.

Η Παναγία είναι τυλιγμένη στο βαθυπόρφυρο μαφόριό της, που αφήνει ένα πολύ μικρό τριγωνικό άνοιγμα στη βάση του λαιμού. Ο χειριδωτός χιτώνας της, όπως διακρίνεται από τα επιμάνικα, είναι βαθυγάλανος και όμοιος σε χρώμα με το μαφόριο της Παναγίας της Σταύρωσης στην άλλη όψη της εικόνας.

Σοβαρό έως αυστηρό το ήθος των μορφών και παρά την σαφή επικοινωνία της Παναγίας μάνας και του Χριστού παιδιού η παράσταση μένει μνημειακή τονίζοντας ιδιαίτερα το εννοιολογικό μέρος της. Από τα σημαίνοντα στοιχεία αυτής της διάστασης αποτελεί και η εικονογραφική λεπτομέρεια με το χέρι της Παναγίας στο γόνατο του παιδιού. Η κίνηση αυτή της Παναγίας με το ιερατικό άγγιγμα του παιδιού που παραπέμπει στο νόημα της Ενσάρκωσης εφαρμόζεται από τα μεσοβυζατινά χρόνια. Στην παλαιολόγεια ζωγραφική η λεπτομέρεια επανέρχεται με σημαντικά παραδείγματα εικόνων (Βασιλάκη-Καρακατσάνη 1966-1969, 200 κ.ε.) των αρχών του 14ου αιώνα, στα σημαντικότερα από τα οποία ανήκει η πολύτιμη εικόνα της μονής Βατοπεδίου (Βασιλάκη-Καρακατσάνη 1966-1969, ό.π.), με την οποία η εικόνα του Βυζανινού Μουσείου ταυτίζεται εικονογραφικά και σε σημεία.

Παρά την πλήρη εικονογραφική ταύτιση των δύο εικόνων η βρεφοκρατούσα Παναγία του Βυζαντινού Μουσείου φαίνεται να διαφέρει κυρίως στα τεχνοτροπικά χαρακτηριστικά της. Εμφανίζει αρχαϊκότερα στοιχεία με αδρότερα μέσα, όπως το γεροδεμένο παιδί, τα έντονα διαρθρωμένα δάχτυλα των χεριών, το εντελώς ωοειδές πρόσωπο της Παναγίας με στέρεα τα πλασίματα στα σαρκώματα, το μικρό στόμα, τη σοβαρή αλλά ζωντανή ματιά της.

Τα παραπάνω στοιχεία, που παραπέμπουν και σε περισσότερο πραγματιστικές λεπτομέρειες που δεν επηρεάζουν παρ' όλα αυτά τη μνημειακή παρουσία της παράστασης, μαρτυρούν σχέση του έργου με παλαιολόγεια μνημεία των αρχών του 14ου αιώνα και κοντά ακόμη στα εκφραστικά μέσα της αμφιπρόσωπης εικόνας της Αχρίδας με την Παναγία Ψυχοσώστρια και τον Ευαγγελισμό (Djurić 1961, αριθ. 14).

Διαστ. 1,03×0,85 μ.

Τ 169

ΣΥΝΤΗΡΗΣΗ Γ. Σκαράκη (1998).

ΒΙΒΛΙΟΓΡΑΦΙΑ Σωτηρίου 1931[2], 78-79. Sotiriou 1932, 91, εικ. 59. Talbot-Rice 1937, 32. Bettini 1937, 56, εικ. σ. 54. Sotiriou 1955, 19, πίν. XIX. Felicetti-Liebenfels 1956, 70, πίν. 82Α. Χατζηδάκης 1961-1962, 8, πίν. 4β-γ. Sotiriou 1962, 17, πίν. XVI. Βοκοτόπουλος 1964, 205, πίν. 186. Vocotopoulos 1964[2], 246, πίν. 186. Chatzidakis - Grabar 1965, 36, εικ. 57. Chatzidakis 1965, XXXIII, LXXXIV, εικ. σ. 55. Chatzidakis 1966, XXXIII, LXXXIV, εικ. σ. 55. Αχειμάστου-Ποταμιάνου 1966, 65, σημ. 12. Βασιλάκη-Καρακατσάνη 1966-1969, 203, 205, πίν. 83. Chatzidakis 1970, 67, 68, πίν. σ. 27, πίν. 1, 2, σ. 28. Χατζηδάκης 1974, 336, εικ. 17. Chatzidakis s.a., 22, πίν. 4. Taylor 1979, 11, εικ. σ. 10, 11. Chatzidakis 1980, 78, 223, εικ. 79. Χατζηδάκη 1981, 87-88. Chatzidakis 1983, 78, 80, 223, εικ. σ. 79. Μπαλτογιάννη 1985, 54-55, 84. Baltoyanni 1986, 51, 78. Yon - Sers 1990, 238. Βοκοτόπουλος 1995, 209, εικ. 82.

THE THREE HIERARCHS
14th century

This representation of the Three Hierarchs was exposed after the removal of the eighteenth-century overpaintings that covered the original layer of the icon.

Laboratory examination and X-ray photographs of the icon, the later layer of which bore the same subject, not only showed the existence of the earlier painting but also that it was in good condition. This latter fact, in conjunction with the date of the work – as far as this could be judged from the X-ray – led to the decision to remove the later layer and place it on a new panel. Once this delicate and difficult task was completed, the original representation was revealed.

The three Fathers of the Church are depicted standing and in frontal pose against a superbly burnished gold ground. In addition to their diagnostic features, all three are identified by the inscriptions above their halo. They are, from left to right, Saints Gregory, John Chrysostom and Basil.

This large and important icon displays traits of an outstanding workshop, as attested by the limpid, well-blended colours, close to the chromatic scale of the wall-paintings in the church of Hagioi Joachim and Anna at Studenica (Αχειμάστου-Ποταμιάνου 1994, pl. 120), which are dated 1313-1320. Particular stylistic traits such as the long noses with the stressed tip (Αχειμάστου-Ποταμιάνου 1994, pl. 149) also associate it with monuments of this period and especially with the figures in the wall-paintings in the katholikon of the Chilandar Monastery.

In the light of the above, our icon is assigned to a Macedonian workshop of the first rank and dated in the first quarter of the fourteenth century.

Dim. 1,25×0,90 m.

T 1031

CONSERVATION A. Margaritoff, S. Papageorgiou, Th. Papageorgiou, A. Simantoni (1984).

BIBLIOGRAPHY Αχειμάστου-Ποταμιάνου 1985, 84-85. Αχειμάστου-Ποταμιάνου 1984, 18-21, fig. pp. 19, 20, pl. 7. Αχειμάστου-Ποταμιάνου 1986, 5, pl.15α, β. Acheimastou-Potamianou 1987, 157-158, pl. 17. Αχειμάστου-Ποταμιάνου 1987, 7. Acheimastou-Potamianou 1988, 181-182, pl. pp. 92, 93. Βοκοτόπουλος 1995, 220, fig. 129.

Η σημερινή παράσταση των Τριών Ιεραρχών στην εικόνα του Βυζαντινού Μουσείου αποκαλύφθηκε μετά την απομάκρυνση επιζωγράφησης του 18ου αιώνα που κάλυπτε το αρχικό στρώμα της. Μετά την εργαστηριακή έρευνα και την ακτινογραφία της εικόνας, το νεότερο στρώμα της οποίας έφερε το ίδιο θέμα, αποδείχθηκε ότι κάτω από την επιζωγράφηση υπήρχε η αρχική ζωγραφική και μάλιστα σε καλή κατάσταση. Η καλή κατάσταση του αρχικού στρώματος και η καλή εποχή του έργου από όσο ήταν δυνατόν να αντιληφθεί κανείς από την ακτινογραφία, οδήγησε στην απόφαση να απομακρυνθεί το νεότερο στρώμα και να τοποθετηθεί σε καινούργιο υπόστρωμα. Με αυτό τον τρόπο και μετά το πέρας του όχι εύκολου αυτού εγχειρήματος, αποκαλύφθηκε η αρχική ζωγραφική την οποία και παρουσιάζουμε τώρα.

Σε άριστα στιλβωμένο χρυσό βάθος εικονίζονται οι τρεις άγιοι, όρθιοι και μετωπικοί. Και οι τρεις, εκτός από τα αναγνωρίσιμα φυσιογνωμικά χαρακτηριστικά τους, ταυτίζονται και με επιγραφές στο χρυσό βάθος και πάνω από το φωτοστέφανό τους. Από αριστερά προς τα δεξιά γράφεται ο άγιος Γρηγόριος, ο μεσαίος ταυτίζεται με τον Ιωάννη τον Χρυσόστομο και ο τρίτος με τον άγιο Βασίλειο.

Η μεγάλη και σημαντική αυτή εικόνα φέρει στοιχεία εξαιρετικού εργαστηρίου, όπως αποδεικνύεται από τα καθαρά χρώματα, καλά επεξεργασμένα και κοντά στη χρωματική κλίμακα των τοιχογραφιών του ναού των Αγίων Ιωακείμ και Άννης στη Studenica (Αχειμάστου-Ποταμιάνου 1994, πίν. 120), που χρονολογούνται στο 1313-1320. Με μνημεία αυτής της εποχής και ειδικότερα με τις τοιχογραφημένες μορφές του καθολικού της μονής Χιλανδαρίου συνδέεται η εικόνα μας και με τα ιδιαίτερα τεχνοτροπικά χαρακτηριστικά, όπως τις μακριές μύτες των μορφών με την τονισμένη απόληξη (Αχειμάστου-Ποταμιάνου 1994, πίν. 149).

Μετά τα παραπάνω η εικόνα εντάσσεται σε πολύ καλό μακεδονικό εργαστήριο στο πρώτο τέταρτο του 14ου αιώνα.

Διαστ. 1,25×0,90 μ.

Τ 1031

ΣΥΝΤΗΡΗΣΗ Α. Μαργαριτώφ, Σ. Παπαγεωργίου, Θ. Παπαγεωργίου, Α. Σημαντώνη (1984).

ΒΙΒΛΙΟΓΡΑΦΙΑ Αχειμάστου-Ποταμιάνου 1985, 84-85. Αχειμάστου-Ποταμιάνου 1984, 18-21, εικ. σ. 19, 20, πίν. 7. Αχειμάστου-Ποταμιάνου 1986, 5, πίν.15α, β. Acheimastou-Potamianou 1987, 157-158, πίν. 17. Αχειμάστου-Ποταμιάνου 1987, 7. Acheimastou-Potamianou 1988, 181-182, πίν. σ. 92, 93. Βοκοτόπουλος 1995, 220, εικ. 129.

THE APOSTLES PETER AND PAUL
14th century

The apostles Peter and Paul stand left and right of a large cross, each turned in three-quarter pose towards the centre. Peter, left, is clad in an ankle-length chiton and a himation that swathes his right arm to the wrist, as is the case in representations of philosophers, yet leaves the greater part of the chiton exposed. He holds a half-open scroll in both hands. Paul, right, enveloped in his himation, holds a closed codex diagonally on his chest with both hands. At the centre of the large cross with three transverse arms is a medallion with the image of Christ as Man of Sorrows.

In pose, movement and overall iconography both apostles are exactly the same as in a fourteenth-century Palaeologan icon in the Sinai Monastery (Γ. και Μ. Σωτηρίου 1956, fig. 224; 1958, 197). This correspondence extends also to specific expressive means, such as the anticlassicism in the figure of Paul, whose highly severe and realistic features do not belie the painter's inability to convey the holiness of his countenance in a beauteous manner, but a conscious treatment using different artistic principles and methods with anticlassicizing tendencies, that impart a dramatic character and a distinctive ethos to both these works. The same phenomenon is observed in the art of important wall-painting ensembles in the wider region of Macedonia, in the early fourteenth century, from which time it apparently characterized a current in Palaeologan painting that moved in parallel with the aristocratic and classicizing art of Constantinople. This last view is advocated by the affinity in physiognomy between Paul in our icon and Paul in the wall-painting of the Dormition of the Virgin, in the church of Hagioi Joachim and Anne at Studenica (Αχειμάστου-Ποταμιάνου 1994, pl. 120). The figure of the apostle there, stooping over the Virgin's empty tomb, with his exaggeratedly realistic facial features, prominent aquiline nose and very astonished look, seems to dictate — despite its voluminous rendering as a whole — the model for Paul's analogous visage, verging on distortion, in the Sinai icon and especially in ours.

The relationship between the figure of Paul in our icon and that in the wall-painting of the Dormition of the Virgin, dated 1313, at Studenica, and the differences that emerge from comparing the two, not only give a reasonable terminus post quem but also lead to the dating of the Byzantine Museum icon to the fourteenth century and its assignment to a Macedonian workshop.

In addition, particular iconographic elements, such as the large cross between the figures and the medallion of Christ as Man of Sorrows at its centre, that do not appear in the one in Sinai, refer to a special function and a specific milieu for our icon, with which its whole ambience is consistent.

It has been argued elsewhere that the depiction of the two leading apostles in significative iconographic formats, such as their embrace, or holding a church between them, are not infrequently linked with ecclesiastical disputes and in particular with the councils for the Unification of the two Churches (Μπαλτογιάννη 1985, 95). It is well known that the agreement between the two Churches at the Synod of Lyons was signed on 29 June, the feast day of the two apostles.

It has also been observed that later important representations of them, from the first half of the fifteenth century, signed by the renowned Cretan painter of the period, Angelos, were most probably presented as gifts at the 1439 Synod of Ferrara (Μπαλτογιάννη 1985, op. cit.). However, the more specific subject of our icon, with the deep grief suffusing both figures and the soteriological theme of the Man of Sorrows at the centre of the large cross of Christ's martyrdom, perhaps alludes elsewhere.

If the work can be dated to the mid-fourteenth

century, then the creation of the composition with its anticlassical stylistic traits and philosophical approach, should be sought in a monastic-philosophical circle in the wider region of Macedonia, probably involved in religious controversies, perhaps that of Hesychasm.

Dim. 0,53×0,40 m.

T 2240

CONSERVATION V. Anapliotou (1998).

BIBLIOGRAPHY Χατζηδάκης 1961-1962, 8. Βοκοτόπουλος 1964, 226, pl. 228. Vocotopoulos 1964², 267-268, pl. 228. Χατζηδάκη 1981, 87-88.

ΟΙ ΑΠΟΣΤΟΛΟΙ ΠΕΤΡΟΣ ΚΑΙ ΠΑΥΛΟΣ   **12.**
14ος αι.

Αριστερά και δεξιά από μεγάλο σταυρό οι απόστολοι εικονίζονται όρθιοι και κατά τα τρία τέταρτα γυρισμένοι προς το κέντρο. Ο Πέτρος αριστερά φορεί ποδήρη χιτώνα και ιμάτιο που περιβάλλει τον κορμό εγκλωβίζοντας, όπως συμβαίνει στις παραστάσεις των φιλοσόφων, το δεξιό χέρι του μέχρι τον καρπό. Από αυτή τη διευθέτηση του ιματίου του το μεγαλύτερο μέρος του χιτώνα μένει ακάλυπτο. Κρατεί και με τα δύο χέρια του μισάνοιχτο ειλητάριο. Απέναντί του ο Παύλος τυλιγμένος στο ιμάτιο του κρατεί μπροστά στο στήθος με τα δύο χέρια κλειστό κώδικα σε διαγώνια διάταξη. Ο μεγάλος σταυρός ανάμεσά τους με τρεις οριζόντιες κεραίες φέρει μετάλλιο στο κέντρο με τη μορφή του Χριστού Άκρα Ταπείνωση. Και οι δύο απόστολοι ταυτίζονται στη στάση, στην κίνηση και στην όλη εικονογραφική απόδοση με παλαιολόγεια εικόνα στη μονή Σινά, που χρονολογήθηκε στο 14ο αιώνα (Γ. και Μ. Σωτηρίου 1956, εικ. 224 και 1958, 197). Η ταύτιση των δύο μορφών με εκείνες της εικόνας του Σινά δεν μένει μόνο στα εικονογραφικά στοιχεία αλλά προχωρεί και σε ιδιαίτερα εκφραστικά μέσα, όπως στην αντικλασική σε απόδοση μορφή του Παύλου. Η έντονα αυστηρή και με ρεαλιστικά στοιχεία απόδοση του αποστόλου Παύλου τόσο στην εικόνα του Σινά όσο και στην εικόνα του Βυζαντινού Μουσείου δεν δηλώνει αδυναμία του ζωγράφου στη με καλλιέπεια απόδοση της αγιοσύνης του προσώπου. Δηλώνει πιθανότατα συνειδητή επεξεργασία της μορφής από ικανό δημιουργό, που λειτουργεί με τις αρχές και τις μεθόδους μιας διαφορετικής εικαστικής έκφρασης με αντικλασικές τάσεις, που προσδίδουν δραματικό χαρακτήρα στις μορφές και διαμορφώνουν ξεχωριστό ήθος. Το φαινόμενο παρατηρείται στη ζωγραφική σημαντικών τοιχογραφημένων συνόλων των αρχών του 14ου αιώνα στη Μακεδονία και από τότε χαρακτηρίζει παλαιολόγειο ζωγραφικό ρεύμα που κινείται παράλληλα με την αριστοκρατική και κλασικίζουσα κωνσταντινουπολίτικη ζωγραφική. Στην τελευταία εκτίμηση συνηγορεί και η φυσιογνωμική συγγένεια του Παύλου της εικόνας μας με την ίδια μορφή στην τοιχογραφημένη παράσταση της Κοίμησης της Θεοτόκου στο ναό των Αγίων Ιωακείμ και Άννης στη Studenica (Αχειμάστου-Ποταμιάνου 1994, πίν. 120). Ο απόστολος Παύλος, που εκεί είναι σκυμμένος πάνω από τον άδειο τάφο της Παναγίας με τα υπερβολικά τονισμένα ρεαλιστικά χαρακτηριστικά του προσώπου του, με την έντονα γαμψή μύτη, την εξαιρετικά έντονη έκφραση έκπληξης και παρά την ογκωδέστερη απόδοση της όλης μορφής, φαίνεται να υπαγορεύει το πρότυπο για την ανάλογη έκφραση μέχρι δυσμορφίας του Παύλου, τόσο της εικόνας του Σινά όσο και ιδιαίτερα της εικόνας μας.

Η σχέση του Παύλου της εικόνας μας με τον ίδιο απόστολο στην Κοίμηση του ναού των Αγίων Ιωακείμ και Άννης, που χρονολογείται στο 1313, και οι διαφορές που προκύπτουν από αυτή τη σύγκριση εκτός από το terminus post quem που εύλογα προκύπτει, οδηγούν στη χρονολόγηση του έργου στο 14ο αιώνα και στην ένταξή του σε εργαστήριο της Μακεδονίας.

Ιδιαίτερα επίσης εικονογραφικά στοιχεία της παράστασης, όπως ο μεγάλος σταυρός ανάμεσα στις δύο μορφές και το μετάλλιο του Χριστού Άκρα Ταπείνωση στο κέντρο του, στοιχεία που δεν γράφονται στην εικόνα του Σινά, παραπέμπουν τώρα σε ειδικότερη λειτουργία του έργου και σε ειδικότερο περιβάλλον, στο οποίο φαίνεται να οδηγεί και η όλη ατμόσφαιρά του.

Έχει και αλλού υποστηριχθεί ότι η απεικόνιση των δύο κορυφαίων αποστόλων σε σημαίνοντα εικονογραφικά σχήματα, όπως η παράσταση του εναγκαλισμού τους ή το θέμα με την εκκλησία που υποβαστάζουν και οι δύο ανάμεσά τους, συνδέθηκε όχι σπάνια με εκκλησιαστικές έριδες και ειδικότερα με τις συνόδους για την Ένωση των δύο Εκκλησιών (Μπαλτογιάννη 1985, 95). Είναι γνωστό ότι η συμφωνία των δύο Εκκλησιών στη Σύνοδο της Λυών υπογράφεται στις 29 Ιουνίου, ημέρα της σύναξης των δύο αποστόλων. ΄Εχει επίσης παρατηρηθεί ότι μεταγενέστερες σημαντικές παραστάσεις με το ίδιο θέμα, του πρώτου μισού του 15ου αιώνα, που υπογράφει ο γνωστός κρητικός ζωγράφος της εποχής Άγγελος, λειτούργησαν πιθανότατα ως δώρα στη Σύνοδο του 1439 στη Φερράρα (Μπαλτογιάννη 1985, ό.π.). Το ειδικότερο όμως αυτό θέμα της εικόνας μας με τη βαθιά θλίψη που χαρακτηρίζει και τις δύο μορφές των αποστόλων,

όπως και με το σωτηριολογικό θέμα της Άκρας Ταπείνωσης στο κέντρο ενός μεγάλου σταυρού μαρτυρίου του Χριστού, ίσως παραπέμπει και αλλού.

Εάν η χρονολόγηση του έργου μπορεί να ανάγεται στα μέσα του 14ου αιώνα, τότε η δημιουργία της παράστασής μας, με τα ιδιαίτερα τεχνοτροπικά αντικλασικά χαρακτηριστικά και τη φιλοσοφημένη άποψη που παρουσιάζει, πρέπει να ενταχθεί σε μοναστικό φιλοσοφημένο κύκλο του μακεδονικού χώρου που πρέπει να σχετίζεται με θρησκευτικές, ησυχαστικές ίσως, έριδες.

Διαστ. 0,53×0,40 μ.

Τ 2240

ΣΥΝΤΗΡΗΣΗ Β. Αναπλιώτου (1998).

ΒΙΒΛΙΟΓΡΑΦΙΑ Χατζηδάκης 1961-1962, 8. Βοκοτόπουλος 1964, 226, πίν. 228. Vocotopoulos 1964², 267-268, πίν. 228. Χατζηδάκη 1981, 87-88.

THE VIRGIN AND CHILD THE AKATAMACHETOS   13.
14th century

The Virgin is depicted in bust, her head inclined deeply towards the semi-recumbent Christ-Child whom she cradles in her right arm while interceding with her left hand on the chest. She is garbed as in mourning, in a deep purple maphorion, tinged with blue and edged with a fine gold band.

Christ is enveloped in a cloth-of-gold chiton that covers his crossed legs. Although his face is badly damaged, he most probably turns towards his mother and blesses with his right hand. The representation is imbued with a deep sorrow, as registered in the Virgin's countenance, and is redolent with special symbolisms.

This iconographic rendering of the Virgin's vision of the Christ-Child's future Passion, as it emerges from the very ambience of the work and the relation of the representation to the later iconography of the Pietà, evidently had limited appeal in Byzantine painting and the subject thus remained rare.

Despite the considerable damage to the image, stylistic traits are observed that refer perhaps to private places of worship in Constantinople, in Palaeologan times, where much emphasis was placed on the events of Holy Week. It has already been remarked (Belting 1980-1981, 1-16) that the use — and possibly the creation too — of other icons, such as the Palaeologan portrayal of the Man of Sorrows, seems to have been associated with special rites celebrated primarily in private places of worship and monasteries during the week of Christ's Passion.

The rarity of the representation with the Child's markedly recumbent pose in the iconography of both Byzantine and Postbyzantine painting — icons and murals — suggests at least that the type was not widely known, and if it was did not prevail. In the earlier samples of relative representations, as the two icons of Sinai which were dated in the thirteenth century (Γ. και Μ. Σωτηρίου 1956, fig. 192, 200), the Virgin holds Christ quite raised up and still keeps most elements of the Hodegetria type.

An icon that could be considered more closly akin to ours is that of the Virgin and Child from the church of Hagios Vasilios in Veroia. There the Virgin also holds the Christ-Child in her right arm and brings her left hand onto her chest, while his legs are crossed and he blesses with his right hand — he holds a closed scroll in the left, as must have been the case in our icon. However, there is again a pronounced difference in the pose of the Child, who is turned towards the Virgin but is almost sitting with his head virtually upright. In the Veroia icon the Virgin inclines her head towards the Child and is wrapped in a brownish purple maphorion, with very deep shades, closed high on the neck.

It should be noted here that the variation of our representation survives in the mature painting of Russian icons (Μπαλτογιάννη 1985, 115, pl. 216). In these too the Child lying in his mother's right arm turns towards her, blesses with his right hand and holds a scroll — here open — in his left. The Virgin's pose is also the same as in our icon, far from the Child and inclining her head — here supported by her right hand — towards Christ.

In conclusion, the representation apparently originates from select private places of worship connected with liturgies for the Passion and was not widely known. The existence of some relative parallel examples, and particularly from Russia, perhaps gives credence to the last view, since in the period when the type of our icon spread, and indeed in a variation of it, greater emphasis was placed on the symbolisms of the representations. Moreover, the stylistic traits of the work, with the delicate and not very durable colours, as seen in Theophanis the Greek's painting of the Great Deesis in the cathedral church of the Annunciation in Moscow, with the same arrangement of the highlights below the eyes and the subdued illumination on the flesh, denote our icon's link with a late fourteenth-century workshop in Constantinople, from where the type diffused to Russia.

Dim. 0,34 ×0,255 m.

T 2394

BIBLIOGRAPHY Αχειμάστου-Ποταμιάνου 1984, 22, 23. Αχειμάστου-Ποταμιάνου 1985, 85.

Η Παναγία εικονίζεται σε προτομή και βρεφοκρατούσα. Κρατεί ξαπλωμένο, ελαφρά «ανακλινόμενο», στο δεξιό χέρι το παιδί, προς το οποίο γέρνει βαθιά την κεφαλή και με το αριστερό μπροστά στο στήθος δέεται. Είναι τυλιγμένη πένθιμα στο βαθυπόρφυρο με προσμείξεις του μπλε μαφόριο, κοσμημένο με λεπτή χρυσή ταινία στις παρυφές του. Ο Χριστός τυλιγμένος μόνο στο χρυσόνημο χιτώνα του έχει τα καλυμμένα από αυτό πόδια του σταυρωμένα. Παρά τη μεγάλη φθορά στο πρόσωπο είναι πιθανότατο ότι στρέφει προς τη μητέρα του και με το δεξιό χέρι ευλογεί.

Η παράσταση αποπνέει βαθιά θλίψη, όπως καταγράφεται στο πρόσωπο της Παναγίας, και η όλη ατμόσφαιρά της φορτίζεται με ιδιαίτερους συμβολισμούς. Η εικονογραφική αυτή απόδοση της ενόρασης της Παναγίας για το μελλοντικό Πάθος του παιδιού, όπως προκύπτει από την ίδια την ατμόσφαιρα του έργου και τη σχέση που παρουσιάζει η παράσταση με τη μεταγενέστερη εικονογραφία της Pietà, δεν φαίνεται να προτιμάται από τη βυζαντινή εικονογραφία και το θέμα παραμένει σπάνιο. Τεχνοτροπικά η παράσταση, παρά τις φθορές που παρουσιάζει, δίνει στοιχεία που παραπέμπουν ίσως σε παλαιολόγειους κωνσταντινουπολίτικους ιδιωτικούς χώρους λατρείας, όπου τα Πάθη της Μεγάλης Εβδομάδας έπαιρναν ιδιαίτερη έμφαση. Έχει ήδη παρατηρηθεί (Belting 1980-1981, 1-16) ότι η χρήση και πιθανότατα και η δημιουργία και άλλων εικόνων, όπως η παλαιολόγεια παράσταση της Άκρας Ταπείνωσης, φαίνεται να σχετίζονται με ειδικές τελετουργίες σε ιδιωτικούς κυρίως λατρευτικούς χώρους και μονές κατά την Εβδομάδα των Παθών.

Η σπανιότητα της παράστασης στην εικονογραφία τόσο της βυζαντινής και μεταβυζαντινής εικόνας όσο και στη ζωγραφική του τοίχου, με την έντονα υπογραμμισμένη ξαπλωμένη στάση του παιδιού, δηλώνει τουλάχιστον ότι ο τύπος δεν έγινε ευρύτερα γνωστός και, εάν έγινε, τουλάχιστον δεν επικράτησε. Στα παλαιότερα δείγματα συγγενικών παραστάσεων, όπως στις δύο εικόνες του Σινά που χρονολογήθηκαν στο 13ο αιώνα (Γ. και Μ. Σωτηρίου 1956, εικ. 192, 200), η Παναγία κρατεί τον Χριστό με αρκετά ανασηκωμένο τον κορμό και διατηρεί ακόμη τα περισσότερα στοιχεία της Παναγίας Οδηγήτριας. Συγγενέστερο παράδειγμα θα θεωρούσαμε την εικόνα της Παναγίας βρεφοκρατούσας από το ναό του Αγίου Βασιλείου της Βέροιας, όπου η Παναγία και εκεί δεξιοκρατούσα φέρει το αριστερό χέρι της μπροστά στο στήθος. Ο Χριστός έχει σταυρωμένα τα πόδια, ευλογεί με το δεξιό χέρι και κρατεί, όπως πρέπει να συμβαίνει και στην εικόνα μας, όρθιο κλειστό ειλητάριο στο αριστερό. Η διαφορά και εδώ είναι έντονη στη στάση του παιδιού που είναι γυρισμένο προς την Παναγία αλλά αρκετά ανασηκωμένο και με το κεφάλι του σχεδόν όρθιο. Η Παναγία και εκεί γέρνει το κεφάλι προς το παιδί και είναι τυλιγμένη σε κλειστό μέχρι ψηλά στο λαιμό καφεπόρφυρο σε πολύ βαθείς τόνους μαφόριο.

Πρέπει να σημειωθεί ότι στην όψιμη ζωγραφική των ρωσικών εικόνων επιβιώνει η παραλλαγή της παράστασής μας (Μπαλτογιάννη 1985, 115, πίν. 216). Και εκεί το παιδί ξαπλωμένο στο δεξιό χέρι της μητέρας γυρίζει προς αυτήν, ευλογεί με το δεξιό χέρι και κρατεί εδώ ανεπτυγμένο ειλητάριο. Η Παναγία επίσης στέκει, όπως και στην εικόνα μας, μακριά του και γέρνει το κεφάλι που υποβαστάζει εκεί με το δεξιό χέρι της, προς το παιδί.

Συμπερασματικά θα λέγαμε ότι η παράσταση προέρχεται από κλειστούς, ιδιαίτερους και ιδιωτικούς χώρους λατρείας, σχετίζεται με λειτουργίες των Παθών και δεν γίνεται εύκολα γνωστή. Η παρουσία κάποιων σχετικών παράλληλων παραδειγμάτων και ιδιαίτερα από το χώρο της Ρωσίας ίσως συνηγορούν στην τελευταία άποψη, καθώς την εποχή που απλώνεται και μάλιστα σε παραλλαγή ο τύπος της εικόνας μας, τονίζονται εντονότερα οι συμβολισμοί των παραστάσεων.

94

Τα τεχνοτροπικά εξάλλου χαρακτηριστικά της παράστασης με τα ευαίσθητα σε αντοχή και ευαισθησία χρώματα, όπως εντοπίζονται στη ζωγραφική της Μεγάλης Δέησης του Θεοφάνη του Έλληνα στον καθεδρικό ναό του Ευαγγελισμού στη Μόσχα με την ίδια διευθέτηση των φώτων κάτω από τα μάτια, τα θαμπά φωτίσματα στα σαρκώματα, δηλώνουν σχέση της εικόνας με εργαστήριο του τέλους του 14ου αι., στην Κωνσταντινούπολη, από την οποία ο τύπος γίνεται γνωστός στη Ρωσία.

Διαστ. 0,34 ×0,255 μ.

Τ 2394

ΒΙΒΛΙΟΓΡΑΦΙΑ Αχειμάστου-Ποταμιάνου 1984, 22, 23.
Αχειμάστου-Ποταμιάνου 1985, 85.

DOUBLE-SIDED ICON
SIDE A: THE VIRGIN HODEGETRIA
SIDE B: THE PREPARATION OF THE THRONE
Late 14th century

SIDE A The central subject of the icon, the Virgin in the type of the Hodegetria, is surrounded by twelve scenes of Christ's presence on earth. The Theotokos is depicted in bust and turned three-quarters towards the right. She is tightly enveloped in her purple maphorion, which is fastened high on the neck without leaving the triangular pening on the chest known from elsewhere. An austere and monumental figure, she holds the Christ-Child in her left arm and brings towards him her large closed palm in front on the chest. The monumental character of the representation is reinforced by the likewise austere and frontal pose of the Christ-Child, who blesses and holds a closed scroll downwards, supported on his knee. He is also monumentally attired, in brilliant cloth-of-gold garments. Christ sits comfortably in the Virgin's arm and despite his childish aspect his overall presence gives the impression of the enthroned Pantocrator. This expressive dogmatic group is completed by the two angels left and right of the Virgin's halo, venerating with their hands covered by the himation.

The twelve scenes that complement the meaning of the central subject are painted in partitions without painted frames on three sides of the icon's wide and slightly raised integral border.

Top left is the Annunciation, with the Virgin, left, standing in front of a low throne without back and the angel striding towards her from the right. The next three scenes across the top, moving rightwards, are, the Nativity, the Presentation of Christ in the Temple and the Baptism. The remaining eight are arranged on the two vertical sides, and read from left to right in pairs linked in an inventive manner, in chronological and conceptual sequence. The scene of the Transfiguration on the left is paired with the Raising of Lazarus on the right, the Entry into Jerusalem with the Crucifixion, the Anastasis with the Ascension, and Pentecost with the Dormition of the Virgin. The iconography of the subjects follows types established in Byzantine times, with very minor deviations.

The distinctive characteristics of this important icon are focused in its austere ethos and the confused and illusionary atmosphere of the border scenes. In these the tall slender figures, light and troubled, are usually crammed into an indifferently rendered, disrupted, vague and atmospheric space. Where background elements exist — rocky landscapes or buildings — these are feeble and insipid, with no real substance.

The modelling of the flesh on the figures is similarly feeble and the facial features are blurred. These traits do not of course denote a weakness of the painter and are certainly not accidental. They are most probably due to a specially contrived method of expression that also serves a significative function. The elements that best demonstrate this tendency are located in the representation of the Dormition of the Virgin, the iconography and aura of which lead to specific ideological trends of the fourteenth century. In the Dormition, depicted in the bottom left partition of the right vertical side, the elliptical mandoral surrounding Christ is extremely enlarged and the Virgin's bier is also out of scale. On the contrary, the figure of Christ becomes attenuated and is identified with the vertical axis of the representation, which intersects with the horizontal on which the likewise attenuated figure of the Virgin is drawn. Moreover, a large seraph crowns the mandorla encircling Christ. The mystical cruciform arrangement of the protagonists in the Dormition, the bier in the form of an altar table and Christ's elliptical mandorla crowned by a large seraph are applied in a small series of representations of the theme. It is given especial emphasis in the Dormition depicted on the back of the icon of the Virgin of the Don, which is ascribed to Theophanis the Greek. It has recently been remarked (Μπαλτογιάννη 1991β, 353-372) that the pronounced presence of these elements in the icon by Theophanis, with its limited number of persons and a bright red seraph at the apex of Christ's mandorla, is connected with an endeavour by its creator to convey through specific iconographic means something beyond the event of the Dormition of the Virgin itself.

The representation was finally associated with specific ideological trends in the Palaeologan era and in particular the concern of theological thinking in this period with the prefigurations of the Virgin in the Old Testament and their realization in the New. With reference to relevant examples in important Palaeologan monuments, such as the wall-painting scenes of the prefigurations of the Virgin in the Parekklesion of the Chora Monastery at Constantinople, where it has been maintained that the Presentation of the Virgin in the Temple is prefigured in the scene of the depositing of the ark in the Holy of Holies (Der Nersessian 1975, 303-349), the Dormition of the Virgin by Theophanis, like the Dormition in our icon which is characterized by analogous elements, is identified with the scene of the Martyrdom and the Wisdom of God, these two principal prefigurations of the Passion of Christ and the Redemption, which are frequently painted in the fourteenth century in relation to the Virgin. Analogous complex theological messages can also be detected in other scenes from the Cycle of the Twelve Feasts (Dodecaorton), such as in the Presentation of Christ in the Temple, where Symeon with the Child in his arms bends over the great altar in the temple which most probably alludes to a liturgical meaning, or in the Transfiguration with the effulgent white presence of Christ.

In the light of the above and considering the whole mystical character of our icon, it is our belief that the work belongs to a philosophical monastic, perhaps also hesychastic, milieu of the late fourteenth century, where the complex theological thought of the Hesychasts has already been crystallized and is now expressed with the means of high Constantinopolitan art.

Lastly, the stylistic singularities of the representation also lead to the late fourteenth century. These include the bright emerald on a few himations, mainly of the apostles, the red lac on the garments, which is still thick, without the translucency it acquires in the fifteenth century, the dense gold striations on Christ's garb and the deep purple on the Virgin's maphorion.

SIDE B Depicted on the back of the icon of the Virgin Hodegetria is the Preparation of the Throne (Hetoimasia), with a truly intense and bold presence. The large throne on which Christ will sit as Pantocrator (Rule of All) and Just Judge, is draped with a greyish purple cloth on which there is an obliquely placed open gospel book, inscribed with the eschatological maxim: Come, Blessed of My Father.

In front of the footstool is a small basin with the symbols of the Passion and above is the large Cross on which Christ was crucified, with three transverse beams. The crown of thorns hangs at the centre of it, where the largest horizontal arm intersects with the vertical. Two very large seraphim project left and right of the Throne. Top left and right of the Cross, the inscription: Η ΕΤΟΙΜΑCΙΑ ΤΟΥ ΘΡΟΝΟΥ (The Preparation of the Throne).

The manifestly doctrinal representation stresses the soteriological meaning of Christ's redemptive sacrifice, just as the excerpt in the open gospel book concerns the first summoning of the righteous. In this way the meaning of the Incarnation enhanced on the obverse of the icon is completed. From this perspective it emerges that the representation of the Preparation of the Throne is contemporary with the Virgin Hodegetria. This also emerges from its stylistic traits, which refer to the fourteenth century.

Dim. 1,07×0,73 m.

T 177

BIBLIOGRAPHY Σωτηρίου 1924α, 97, pl. 8. Σωτηρίου 1931², 79. Sotiriou 1932, 93, fig. 51. Talbot-Rice 1937, 65. Sotiriou 1955, 19, pl. XVIII. Αχειμάστου-Ποταμιάνου 1966, 67-68. Chatzidakis 1970, 68, pl. pp. 29-30, pl. 1, 2, p. 31. Καλοκύρης 1972α, 62. Chatzidakis s.a., 22, pl. 5. Taylor 1979, fig. pp. 24, 25, 26. Χατζηδάκη 1981, 87-88. Μπαλτογιάννη 1989, 56. Αχειμάστου-Ποταμιάνου 1991, 8, note 7, pl. 8. Μπαλτογιάννη 1991-1992, 219. Βοκοτόπουλος 1995, 217, fig. 113.

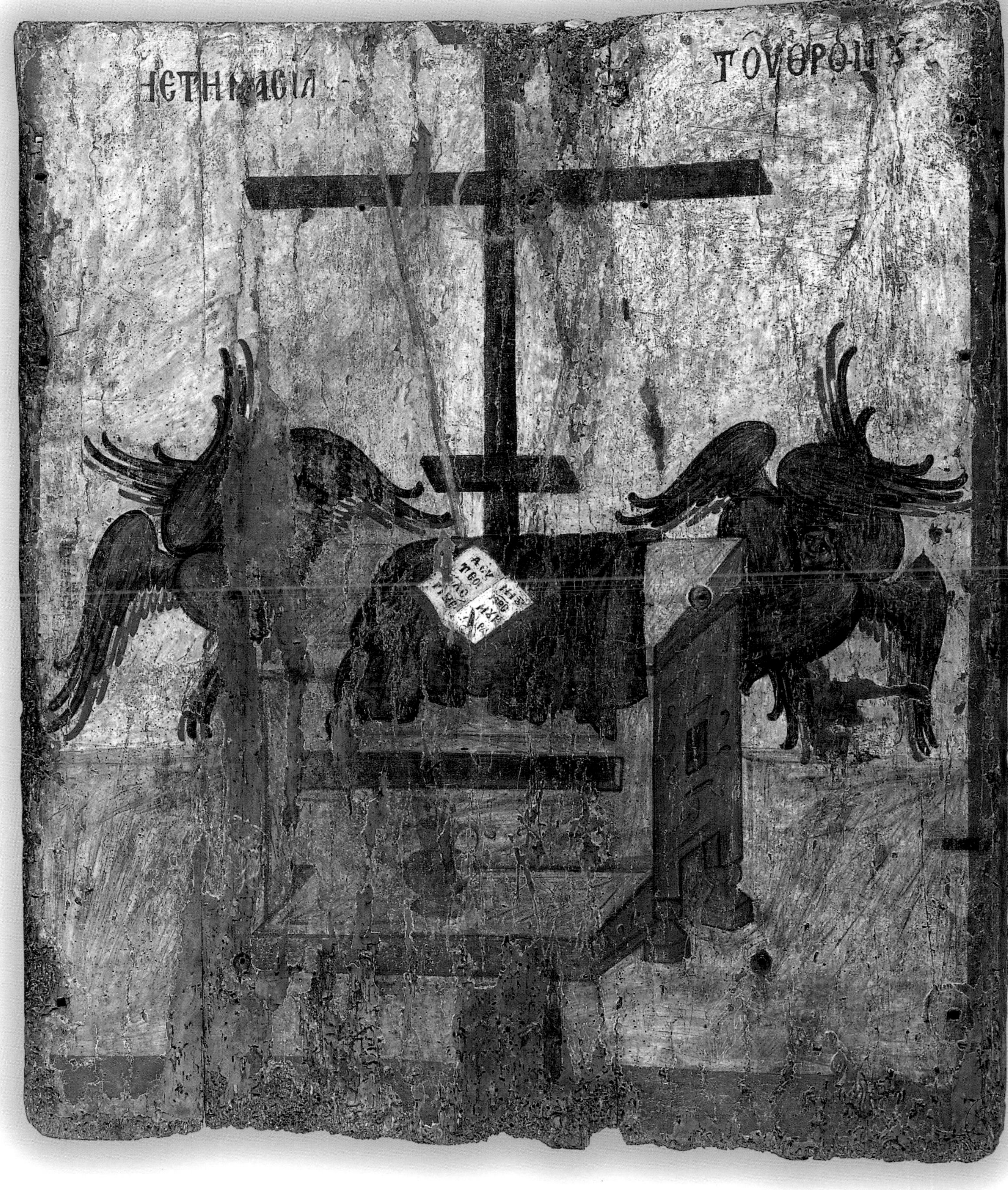

ΑΜΦΙΠΡΟΣΩΠΗ ΕΙΚΟΝΑ
Α΄ ΟΨΗ: Η ΠΑΝΑΓΙΑ ΟΔΗΓΗΤΡΙΑ
Β΄ ΟΨΗ: ΕΤΟΙΜΑΣΙΑ ΤΟΥ ΘΡΟΝΟΥ
Τέλη 14ου αι.

Α΄ ΟΨΗ Η Παναγία στον τύπο της Οδηγήτριας αποτελεί εδώ το κεντρικό θέμα της εικόνας και περιβάλλεται από δώδεκα επεισόδια της γήινης παρουσίας του Χριστού. Εικονίζεται σε προτομή και γυρισμένη κατά τα τρία τέταρτα προς τα δεξιά. Είναι τυλιγμένη σφιχτά στο πορφυρό μαφόριό της που κλείνει ψηλά και στη βάση του λαιμού χωρίς να αφήνει το γνωστό από αλλού τριγωνικό άνοιγμα μπροστά στο στήθος. Αυστηρή και μνημειακή η μορφή κρατεί τον Χριστό στο αριστερό χέρι της και φέρνει την κλειστή μεγάλη παλάμη της μπροστά στο στήθος και προς το παιδί. Ο μνημειακός χαρακτήρας της παράστασης υπογραμμίζεται και από τη μετωπική στάση του αυστηρού, επίσης, παιδιού που ευλογεί και κρατεί κλειστό προς τα κάτω ειλητάριο, το οποίο στηρίζει στο γόνατό του. Είναι επίσης μνημειακά ντυμένος καθώς λαμπροφορεί μέσα στα χρυσόνημα ρούχα του. Κάθεται άνετα στο χέρι της Παναγίας και παρά την παιδική διάπλασή του, η γενική εντύπωση της όλης παρουσίας του είναι εκείνη του ένθρονου Χριστού Παντοκράτορα. Το εκφραστικό αυτό δογματικό σύμπλεγμα ολοκληρώνεται με τους δύο αγγέλους αριστερά και δεξιά από το φωτοστέφανο της Παναγίας που με τα καλυμμένα από το ιμάτιο χέρια τους σεβίζουν.

Οι δώδεκα σκηνές που συμπληρώνουν αυτό το νόημα γράφονται σε διάχωρα χωρίς γραπτά πλαίσια, στο πλατύ και ελαφρά αυτόξυλο πλαίσιο της σκαφωτής επιφάνειας του ξύλου και στις τρεις μόνο πλευρές του.

Ο Ευαγγελισμός καλύπτει το πρώτο πάνω διάχωρο από αριστερά προς τα δεξιά και παριστάνεται με την Παναγία όρθια μπροστά σε χαμηλό θρονίο χωρίς ερεισίνωτο και τον άγγελο που έρχεται προς αυτή με ανοιχτό διασκελισμό. Οι τρεις επόμενες σκηνές, η Γέννηση, η Υπαπαντή και η Βάπτιση, ακολουθούν προς τα δεξιά και καλύπτουν όλη την πάνω πλευρά του πλαισίου. Τα υπόλοιπα επεισόδια διαβάζονται στις δύο κάθετες πλευρές και συνδέονται μεταξύ τους με ευρηματικό τρόπο. Μετά τη

Βάπτιση που αποτελεί την τελευταία σκηνή του πάνω πλαισίου οι υπόλοιπες σκηνές ακολουθούν την κατά ζεύγη διάταξη από αριστερά προς τα δεξιά. Η σκηνή της Μεταμόρφωσης που ακολουθεί γράφεται αριστερά με την αμέσως επόμενη χρονικά και νοηματικά Ανάσταση του Λαζάρου δεξιά. Το ίδιο συμβαίνει και με τις υπόλοιπες παραστάσεις: τη Βαϊοφόρο με τη Σταύρωση, την Ανάσταση με την Ανάληψη, την Πεντηκοστή με την Κοίμηση της Θεοτόκου. Εικονογραφικά η όλη απόδοση των θεμάτων παρακολουθεί παγιωμένα από τα βυζαντινά χρόνια σχήματα με πολύ μικρές αποκλίσεις.

Τα ιδιαίτερα χαρακτηριστικά της σημαντικής αυτής εικόνας επικεντρώνονται κυρίως στο ήθος της που αποπνέει αυστηρότητα και στις σκηνές συγκεχυμένη και ιλουζιονιστική ατμόσφαιρα. Οι ψιλόλιγνες, ελαφρές και ανήσυχες μορφές συνωστίζονται συνήθως σε αδιάφορα δοσμένο, διασπασμένο, απροσδιόριστο και ατμοσφαιρικό χώρο. Τα στοιχεία του βάθους, τοπία βράχινα ή κτίσματα, όπου υπάρχουν, είναι υποτονισμένα, άχρωμα χωρίς πραγματική υπόσταση.

Τα πλασίματα στα σαρκώματα των μορφών το ίδιο άτονα, τα φυσιογνωμικά χαρακτηριστικά σβησμένα. Τα παραπάνω στοιχεία δεν δηλώνουν αδυναμία του δημιουργού της εικόνας και ασφαλώς δεν είναι τυχαία. Ανάγονται πιθανότατα σε ιδιαίτερη εκφραστική μεθόδευση που φαίνεται να εξυπηρετεί ιδιαίτερη επίσης νοηματική σύλληψη.

Τα αποδεικτικότερα στοιχεία αυτής της τάσης εντοπίζονται στην παράσταση της Κοίμησης της Θεοτόκου, η εικονογραφία και η ατμόσφαιρα της οποίας οδηγούν σε ιδιαίτερες ιδεολογικές τάσεις του 14ου αιώνα. Στην παράσταση της Κοίμησης που εικονίζεται στο τελευταίο αριστερά διάχωρο του δεξιού κάθετου πλαισίου, μεγενθύνεται υπερβολικά η ελλειψοειδής δόξα που περιβάλλει τον Χριστό, μεγάλο και έξω από κλίμακα, και η νεκρική κλίνη της Παναγίας. Αντίθετα η μορφή του Χριστού γίνεται ψηλή και ραδινή και ταυτίζεται με τον κάθετο άξονα της παράστασης που διασταυρώνεται με τον οριζόντιο, πάνω στον οποίο γράφεται η μακριά και λεπτή επίσης μορφή της Παναγίας. Ένα μεγάλο εξάλλου εξαπτέρυγο κορυφώνει τη δόξα που περιβάλλει τον Χριστό. Αυτή η μυστηριακή διευθέτηση των πρωταγωνιστικών προσώπων της Κοίμησης σε σταυρικό σχήμα, το νεκροκρέβατο σε σχήμα τράπεζας και η ελλειψοειδής δόξα του Χριστού, που στέφεται από μεγάλο εξαπτέρυγο, εφαρμόζονται σε μικρή σειρά παραστάσεων της Κοίμησης και με ιδιαίτερη έμφαση στην πίσω πλευρά της εικόνας της Παναγίας του Don που αποδίδεται στον Θεοφάνη τον Έλληνα. Η εντυπωσιακά έντονη παρουσία αυτών των στοιχείων στην εικόνα του Θεοφάνη, με περιορισμένο τον αριθμό των προσώπων και με ένα κατακόκκινο εξαπτέρυγο στην κορύφωση της δόξας του Χριστού, παρατηρήθηκε τελευταία (Μπαλτογιάννη 1991β, 353-372) ότι παραπέμπει σε κάποια προσπάθεια του δημιουργού της να υποδηλώσει με τα συγκεκριμένα εικονογραφικά μέσα κάτι πέρα από το ίδιο το γεγονός της Κοίμησης.

Η παράσταση τελικά σχετίστηκε με συγκεκριμένες ιδεολογικές τάσεις της εποχής των Παλαιολόγων και ιδιαίτερα με τη στροφή της θεολογικής σκέψης αυτής της εποχής στις προεικονίσεις της Παναγίας στην Παλαιά Διαθήκη και την πραγμάτωσή τους στην Καινή (Μπαλτογιάννη 1991β, ό.π.). Με αναφορά σε ανάλογα παραδείγματα σημαντικών παλαιολόγειων μνημείων, όπως στις τοιχογραφημένες σκηνές των προεικονίσεων της Παναγίας στο παρεκκλήσι της μονής της Χώρας στην Κωνσταντινούπολη, η Κοίμηση του Θεοφάνη, όπως και η Κοίμηση της εικόνας μας που χαρακτηρίζεται από ανάλογα στοιχεία, ταυτίστηκε με τη σκηνή του Μαρτυρίου και τη Θεού Σοφία, τις δύο αυτές κυριότερες προεικονίσεις του Πάθους του Χριστού και της Λύτρωσης που ζωγραφίζονται συχνά το 14ο αιώνα σε σχέση με την Παναγία. Ανάλογα σύνθετα θεολογικά μηνύματα ανιχνεύονται επίσης και σε άλλες σκηνές του Δωδεκάορτου, όπως στην Υπαπαντή, όπου ο Συμεών με το παιδί στην αγκαλιά του σκύβει πάνω από τη μεγάλη τράπεζα του ναού που παραπέμπει πιθανότατα σε λειτουργικό νόημα, ή στη Μεταμόρφωση με την ολόφωτη λευκή παρουσία του Χριστού.

Μετά τα παραπάνω και σύμφωνα με τον όλο μυστηριακό χαρακτήρα της εικόνας μας θεωρούμε ότι το έργο ανήκει σε φιλοσοφημένο μοναστικό ίσως και ησυχαστικό χώρο του τέλους του 14ου αιώνα, όπου η σύνθετη θεολογική σκέψη των Ησυχαστών έχει πλέον παγιωθεί, εκφρασμένη τώρα και με τα μέσα της υψηλής κωνσταντινουπολίτικης τέχνης.

Τέλος, στα τέλη του 14ου αιώνα οδηγούν και τα τεχνοτροπικά ειδικότερα χαρακτηριστικά της παράστασης με τα φωτεινά πράσινα του σμαραγδιού στα ιμάτια κυρίως των αποστόλων, το κόκκινο της λάκκας που χρησιμοποιείται στα ρούχα των μορφών ακόμη μεστό χωρίς τις διαφάνειες της λάκκας του 15ου αιώνα, τα πυκνά χρυσά λαματίσματα στα ρούχα του Χριστού, το βαθύ πορφυρό του μαφορίου της Παναγίας.

Β' ΟΨΗ Η Ετοιμασία του Θρόνου εικονίζεται με μία πραγματικά έντονη και γενναία παρουσία. Στο μεγάλο Θρόνο που θα υποδεχθεί τον Χριστό, τώρα Παντοκράτορα και Δίκαιο Κριτή, απλώνεται πτυχωτό γκριζοπόρφυρο ύφασμα πάνω στο οποίο γράφεται ανοιχτό ευαγγέλιο σε διαγώνια διάταξη με την εσχατολογική ρήση: *ΔΕΥΤΕ ΟΙ ΕΥΛΟΓΗΜΕΝΗ ΤΟΥ ΠΑΤΡΟΣ ΜΟΥ*. Μπροστά στο υποπόδιο, σκεύος με τα σύμβολα του Πάθους και πάνω μεγάλος ο Σταυρός του μαρτυρίου του Χριστού με τρεις οριζόντιες κεραίες. Στο κέντρο που διασταυρώνεται η μεγαλύτερη οριζόντια κεραία με την κάθετη κρέμεται το ακάνθινο στεφάνι. Δύο σε πολύ μεγάλη κλίμακα εξαπτέρυγα προβάλλουν αριστερά και δεξιά από το Θρόνο. Πάνω αριστερά και δεξιά από το Σταυρό η επιγραφή: *Η ΕΤΟΙΜΑCΙΑ ΤΟΥ ΘΡΟΝΟΥ*.

Η παράσταση εκφραστικά δογματική τονίζει τώρα το σωτηριολογικό νόημα της λυτρωτικής θυσίας του Χριστού, καθώς και η ρήση του ανοικτού ευαγγελίου αφορά στο πρώτο κάλεσμα των δικαίων. Με αυτό τον τρόπο ολοκληρώνει το νόημα της Ενσάρκωσης που τονίζεται στην πρώτη όψη της εικόνας.

Από αυτή τη θεώρηση η Ετοιμασία του θρόνου είναι σύγχρονη με την παράσταση του 14ου αιώνα της Παναγίας Οδηγήτριας στην πρώτη όψη, όπως προκύπτει και από τα τεχνοτροπικά χαρακτηριστικά της, που παραπέμπουν στο 14ο αιώνα επίσης.

101

Διαστ. 1,07×0,93 μ.

T 177

ΒΙΒΛΙΟΓΡΑΦΙΑ Σωτηρίου 1924α, 97, πίν. 8. Σωτηρίου 1931², 79. Sotiriou 1932, 93, εικ. 51. Talbot-Rice 1937, 65. Sotiriou 1955, 19, πίν. XVIII. Αχειμάστου-Ποταμιάνου 1966, 67-68. Chatzidakis 1970, 68, πίν. σ. 29-30, πίν. 1, 2, σ. 31. Καλοκύρης 1972α, 62. Chatzidakis s.a., 22, πίν. 5. Taylor 1979, εικ. σ. 24, 25, 26. Χατζηδάκη 1981, 87-88. Μπαλτογιάννη 1989, 56. Αχειμάστου-Ποταμιάνου 1991, 8, σημ. 7, πίν. 8. Μπαλτογιάννη 1991-1992, 219. Βοκοτόπουλος 1995, 217, εικ. 113.

SAINT HIEROUSALEM
AND HER SONS, SEKENDOS,
SEKENDIKOS AND KEGOROS
14th century

The saint is depicted standing and in frontal pose between two young men, also standing and frontal. She holds a martyr's cross in her right hand and touches the hair of a smaller boy, standing en face in front of her, with her left. The three male figures also hold the martyr's cross.

There are no inscriptions accompanying the representation and it was identified (Παπαζώτος 1995, 58, pl. 64) through comparison with an iconographic parallel for it in the wall-paintings of the narthex in the church of the Hagioi Anargyroi at Kastoria. The representation there includes all the figures in our icon identified by nominative inscriptions: Η ΑΓΙΑ ΙΕΡΟΥCΑΛΗΜ [Ο ΑΓΙΟC] CΕΚΕΝΔΟC and Ο ΑΓΙΟC CΕΚΕΝΔΙΚΟC. Hierousalem (Jerusalem) is a local saint of Veroia, who was martyred in that city, together with her sons, Sekendos, Sekendinos and Kegoros.

The fact that the icon comes from Veroia surely validates this identification, while its rare subject, unique so far in icon-painting, and careful rendering make it a valuable work. It was attributed to a workshop in Veroia and dated to the second half of the fourteenth century (Παπαζώτος 1995, op. cit.). It differs from the other icons known from Veroia in the glossier colours on the flesh and the more careful drapery of the garments, which are also rendered in lustrous, blended tones.

Dim. 0,97 × 0,63 m.

BIBLIOGRAPHY Χατζηδάκη 1981, 87-88. Χατζηδάκη 1985-1986, 215, 220, 222, fig. 6. Παπαζώτος 1989-1991, 155-156, pl. 646. Παπαζώτος 1995, 58-59, pl. 64.

Η ΑΓΙΑ ΙΕΡΟΥΣΑΛΗΜ ΚΑΙ ΤΑ ΠΑΙΔΙΑ ΤΗΣ ΣΕΚΕΝΔΟΣ, ΣΕΚΕΝΔΙΚΟΣ ΚΑΙ ΚΗΓΟΡΟΣ

14ος αι.

Η αγία εικονίζεται όρθια και μετωπική ανάμεσα σε δυο νέους άνδρες, όρθιους επίσης και μετωπικούς. Κρατεί στο δεξιό χέρι της σταυρό μάρτυρα και με το αριστερό αγγίζει στα μαλλιά παιδική μορφή αγοριού, το οποίο στέκει όρθιο και μετωπικό μπροστά της. Και οι τέσσερις μορφές κρατούν το σταυρό του μάρτυρα.

Η εικόνα δεν φέρει επιγραφές και η ταύτισή της έγινε (Παπαζώτος 1995, 58, πίν. 64) σε σύγκριση με εικονογραφικό παράλληλο της παράστασης στο νάρθηκα των Αγίων Αναργύρων Καστοριάς. Η παράσταση εκεί απεικονίζει όλα τα πρόσωπα της εικόνας μας, τα οποία ταυτίζονται τώρα με τις επιγραφές: *Η ΑΓΙΑ ΙΕΡΟΥΣΑΛΗΜ [Ο ΑΓΙΟΣ] ΣΕΚΕΝΔΟΣ* και *Ο ΑΓΙΟΣ ΣΕΚΕΝΔΙΚΟΣ*. Πρόκειται για την Ιερουσαλήμ, τοπική αγία της Βέροιας, που μαρτύρησε στην ίδια πόλη μαζί με τα παιδιά της Σέκενδο, Σεκένδικο και Κήγορο.

Η εικόνα, που προέρχεται από τη Βέροια, δικαιολογεί απόλυτα αυτή την ταύτιση και αποδεικνύεται τόσο από το σπάνιο θέμα της, μοναδικό τουλάχιστον μέχρι σήμερα στη ζωγραφική των εικόνων, όσο και από την επιμελημένη απόδοσή της, πολύτιμη. Αποδόθηκε σε εργαστήριο της Βέροιας και χρονολογήθηκε στο δεύτερο μισό του 14ου αιώνα (Παπαζώτος 1995, ό.π.). Διαφορές με τις υπόλοιπες γνωστές εικόνες της Βέροιας παρουσιάζει στα περισσότερο στιλβωμένα χρώματα στα σαρκώματα, όπως και στις περισσότερο επιμελημένες πτυχώσεις των ρούχων, που αποδίδονται με στιλπνά επίσης και επεξεργασμένα χρώματα.

Διαστ. 0,97 × 0,63 μ.

ΒΙΒΛΙΟΓΡΑΦΙΑ Χατζηδάκη 1981, 87-88. Χατζηδάκη 1985-1986, 215, 220, 222, εικ. 6. Παπαζώτος 1989-1991, 155-156, πίν. 646. Παπαζώτος 1995, 58-59, πίν. 64.

DOUBLE-SIDED ICON
SIDE A: SAINT IRENE (?)
SIDE B: SAINT ZOSIMAS AND SAINT MARY OF EGYPT
14th century

SIDE A The female saint, who is not identified by a nominative inscription, is depicted in bust and in frontal pose. She holds the martyr's cross in her right hand and a long sceptre in the left. Her red chiton is fastened high on the neck, where it is embroidered with precious stones, and her imperial loros is wide and studded with pearls. Her composite crown, likewise heavily bejewelled, is set on her pearl-embellished headband and the heavy purple mantle with its embroidered clavi further enhances the saint's imperial appearance.

The icon, with an arched finial in now worn wood on the left side, has a gold ground and bears on the front a long inscription, effaced for its greater part, visible at the top and on the right frame. At the top, in black letters and ligatures, it reads: ΚΑΛΗϹ ΠΑΡΘΕΝΙΑϹ + ΠΗΓΗ (of good chastity + source) and in the second line below: ΠΑΡΘΕΝΙΑϹ ΟΙΚΟϹ +ΚΑΤΑΦΙΓΗ ΤΟΝ (house of chastity + refuge). On the right frame, in columnar arrangement is written: Π(ΑΤ)Ρ(ΟϹ) ΕΥ(ΘΥ)ΜΗΟΥ ΤΗϹ ΦΑΙΔΡΑϹ ΘΕΙΑϹ ϹΕΠΤΗϹ ΕΙΚΟΝΟϹ (Of Father Euthymios of the pleasing holy revered icon). Despite the damage to both the wood and the inscriptions, the icon is of particular interest on account of the exceptional execution of the elaborately decorated figure.

The insistent repetition of the word chastity in the inscription, which is also associated in the first line with the qualification good, provides a clue to the figure's identity. We believe she is Saint Irene, in whose *apolytikion* the expression ΚΑΛΛΕϹΙ ΠΑΡΘΕΝΙΑϹ is also encountered. The identification of the figure as Irene is also consistent with her imperial aspect, which is frequently stressed in analogous portrayals of her in Palaeologan painting.

Among the closest representations to the Byzantine Museum icon are Saint Irene in the wall-paintings in Hagios Nikolaos Orphanos, Thessaloniki (Ξυγγόπουλος 1964, pl. 142), which is dated to the first quarter of the fourteenth century, and in the church of Christ at Veroia (Πελεκανίδης 1973, pl. 81). In both cases she is portrayed in the same raiment, which is associated with royal figures in Macedonia, but does not hold a sceptre, which is perhaps of significance for the historical assessment of our icon. In the wall-paintings she intercedes with the left palm outwards, while holding the martyr's cross in her right. In this detail the Byzantine Museum icon seems to follow depictions of royal female figures, such as Simonida, consort of Milutin of Serbia, at Gracanica (Hamann-MacLean - Hallensleben 1963, fig. 319).

The iconographic detail of the sceptre, which does not appear in the related Palaeologan Macedonian representations of Irene, emphasizes, as mentioned already, the saint's imperial presence and leads to hypotheses — which further research might well validate — that the icon is linked with a specific female dedicator whose name was Irene and who, moreover, should be sought in an imperial milieu.

It is of course well known that the depiction of Saint Irene in Macedonian monuments of the fourteenth century is particularly prominent. In all probability this is primarily due to the saint's *synaxarion* (Vita), according to which Irene was martyred in this region, specifically at Mesembria. We believe that this piece of evidence directs the quest for the dedicator of our icon to the area of Macedonia, and narrows this down to a personality connected with Palaeologan Mesembria.

In the first half of the fourteenth century, to which our icon has been dated in its most recent publication (Παπαζώτος 1995, 48, pl. 23), a personality who is both linked with Bulgaria and a member of the imperial court of Byzantium, is of course Irene Cantacuzeni Asanina, who was crowned empress at Didymoteichon in 1341.

The exquisitely bedecked, majestic figure in the Byzantine Museum icon, the loveliness of which impressed even the dedicator — who according to the inscription describes it as pleasing and revered — may possibly refer to a triumphal event connected with the coronation of Irene Cantacuzeni. Furthermore, the Euthymios mentioned in the inscription, with the type Father Euthymios, may perhaps be identified as the Metropolitan of Medea in Thrace (1345-1351), who at the time Irene was crowned empress at Didymoteichon administered one of the most important ecclesiastical centres in that province.

On the other hand, it is quite possible that the icon, which comes from an unknown church in Veroia, could in some way have adorned a church in that city, since from 1343 until 1346 Emmanuel, son of Irene and John VI Cantacuzenos, was its governor.

In the light of the above and if the proposal that the icon as a dedication made by Euthymios, Metropolitan of Medea in Thrace, on the occasion of the coronation of Irene Cantacuzeni as empress, is tenable, then the icon is dated to the second quarter of the fourteenth century, to which period its stylistic traits also refer.

SIDE B Saint Zosimas in tunicle and monk's cloak, turns to the right and with a chalice offers Holy Communion to Saint Mary of Egypt, who is just visible kneeling before him. The representation, painted without special preparation and care, seems to be a supplementary addition on the back of the icon which most probably served liturgical needs of private devotions.

Dim. 0,75×0,50 m.

BIBLIOGRAPHY Χατζηδάκης 1966, 18. Χατζηδάκη 1984, 23-24, fig. 10, pl. 10. Αχειμάστου-Ποταμιάνου 1985, 84, fig. 4. Παπαζώτος 1995, 48, pl. 23.

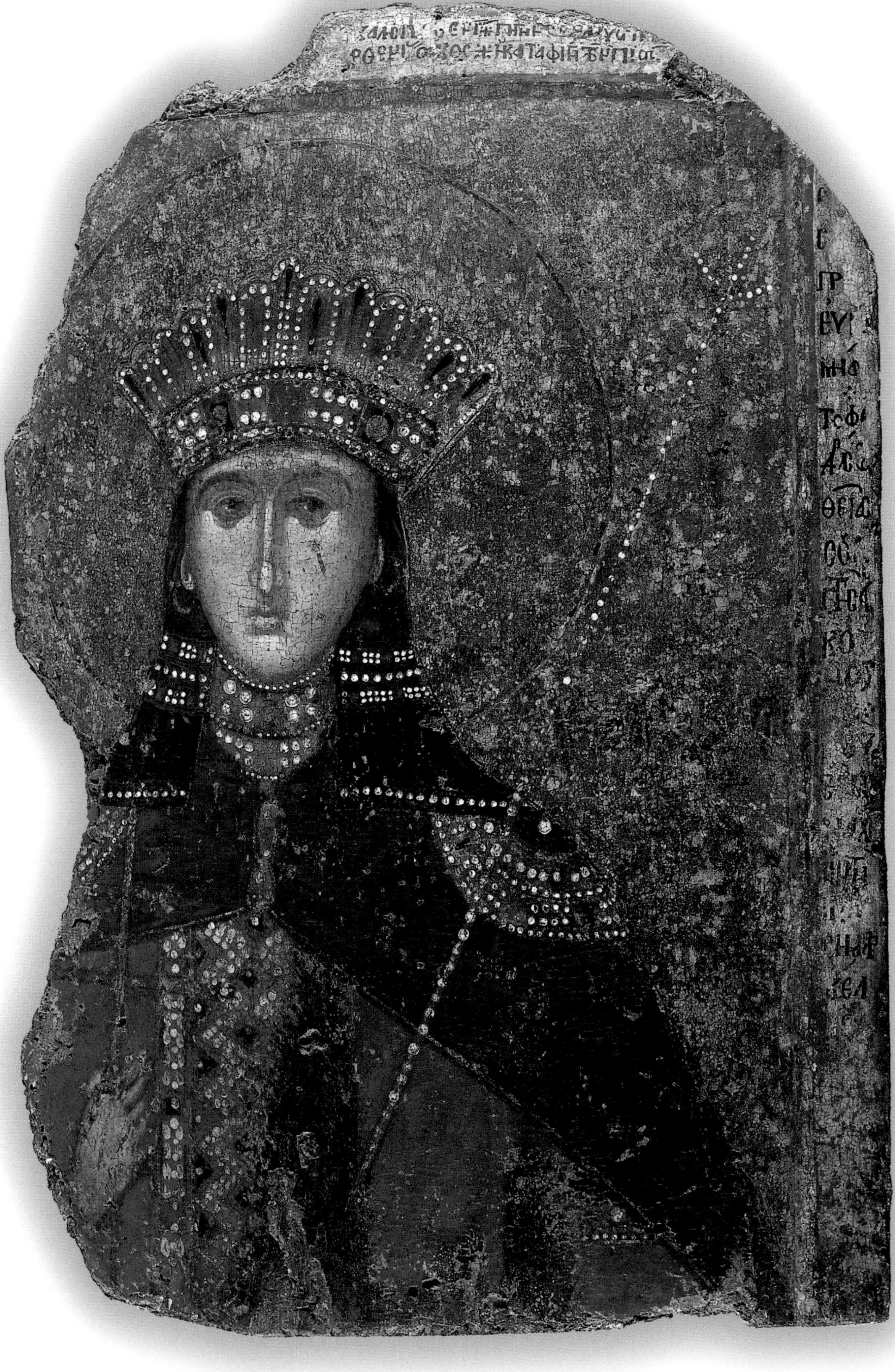

ΑΜΦΙΠΡΟΣΩΠΗ ΕΙΚΟΝΑ 16.
Α΄ ΟΨΗ: Η ΑΓΙΑ ΕΙΡΗΝΗ(;)
Β΄ ΟΨΗ: Ο ΑΓΙΟΣ ΖΩΣΙΜΑΣ ΚΑΙ Η ΑΓΙΑ ΜΑΡΙΑ Η ΑΙΓΥΠΤΙΑ
14ος αι.

Α΄ ΟΨΗ Η αγία που δεν ταυτίζεται με επιγραφή επωνυμίας της, εικονίζεται σε προτομή και μετωπική. Κρατεί στο δεξιό χέρι της το σταυρό της μάρτυρος και στο αριστερό μακρύ σκήπτρο. Φορεί κόκκινο χιτώνα κλειστό μέχρι ψηλά στο λαιμό, κοσμημένο εκεί με διάλιθο κέντημα και με πλατύ μαργαριτοκόσμητο αυτοκρατορικό λώρο. Το σύνθετο επίσης και κατάφορτο από πολύτιμους λίθους στέμμα πάνω από τη μαργαριτοκόσμητη καλύπτρα, όπως και ο βαρύς πορφυρός μανδύας της με τα κοσμημένα σήματα, τονίζουν ιδιαίτερα την αυτοκρατορική παρουσία της αγίας.

Η εικόνα με τοξωτή απόληξη σε φθαρμένο τώρα ξύλο στην αριστερή πλευρά, έχει χρυσό βάθος και φέρει στην πρώτη όψη της μακρά και εξίτηλη στο μεγάλο μέρος της επιγραφή, που διακρίνεται στο πάνω και δεξιό πλαίσιό της.

Στο πάνω μέρος διαβάζεται με μαύρα γράμματα και σε συμπιλήματα *ΚΑΛΗΣ ΠΑΡΘΕΝΙΑΣ + ΠΗΓΗ* και στο δεύτερο στίχο κάτω *ΠΑΡΘΕΝΙΑΣ ΟΙΚΟΣ +ΚΑΤΑΦΙΓΗ ΤΟΝ.* Στο δεξιό πλαίσιο και κιονηδόν διαβάζονται *Π(ΑΤ)Ρ(ΟΣ) ΕΥ(ΘΥ)ΜΗΟΥ ΤΗΣ ΦΑΙΔΡΑΣ ΘΕΙΑΣ ΣΕΠΤΗΣ ΕΙΚΟΝΟΣ.* Παρά τις φθορές τόσο στο ξύλο, όσο και στις επιγραφές της παράστασης, η εικόνα παρουσιάζει με την εξαιρετικά επεξεργασμένη και κοσμημένη μορφή της αγίας ιδιαίτερο ενδιαφέρον.

Η επιμονή της επιγραφής στην επανάληψη της λέξης *ΠΑΡΘΕΝΙΑΣ*, η οποία συνδέεται στον πρώτο στίχο και με το χαρακτηρισμό *ΚΑΛΗΣ*, βοηθάει πιστεύουμε στην ταύτιση της μορφής με την αγία Ειρήνη, στο απολυτίκιο της οποίας εντοπίζεται επίσης ο τύπος *ΚΑΛΛΕΣΙ ΠΑΡΘΕΝΙΑΣ.* Στην ταύτιση της εικόνας με την Ειρήνη συμφωνεί και η αυτοκρατορική παρουσία της, που συχνά τονίζεται και σε ανάλογες παραστάσεις της στην παλαιολόγεια ζωγραφική.

Από τις συγγενέστερες με την εικόνα του Βυζαντινού Μουσείου παραστάσεις η τοιχογραφημένη απεικόνιση της αγίας στον Άγιο Νικόλαο τον Ορφανό στη Θεσσαλονίκη (Ξυγγόπουλος 1964, πίν. 142), που χρονολογείται στο πρώτο τέταρτο του 14ου αιώνα, όπως και στο ναό του Χριστού της Βέροιας (Πελεκανίδης 1973, πίν. 81). Και στις δύο παραστάσεις η Ειρήνη εικονίζεται ντυμένη με τον ίδιο τρόπο που παραπέμπει σε βασιλικές μορφές της Μακεδονίας, αλλά δεν κρατεί το σημαίνον για την ιστορική ίσως ένταξη της εικόνας μας σκήπτρο. Εκεί δέεται με την αριστερή παλάμη προς τα έξω και στο δεξιό χέρι της κρατεί το σταυρό της μάρτυρος. Σε αυτή τη λεπτομέρεια η εικόνα του Βυζαντινού Μουσείου φαίνεται να παρακολουθεί απεικονίσεις βασιλικών γυναικείων μορφών, όπως η Σιμωνίδα σύζυγος Μιλούτιν Σερβίας στη Γρατσάνιτσα (Hamann-MacLean - Hallensleben 1963, εικ. 319).

Η εικονογραφική λεπτομέρεια του σκήπτρου που δεν εμφανίζεται στις συγγενικές της παλαιολόγειες μακεδονικές παραστάσεις του ίδιου θέματος, τονίζει ιδιαίτερα, όπως προαναφέρθηκε, την αυτοκρατορική παρουσία της αγίας και οδηγεί σε υποθέσεις, που ίσως σε προχωρημένη έρευνα αποδείξουν ότι η εικόνα συνδέεται με συγκεκριμένη αφιερώτρια με το όνομα Ειρήνη και η οποία πρέπει να αναζητηθεί σε αυτοκρατορικό περιβάλλον.

Είναι βέβαια γνωστό ότι η απεικόνιση της αγίας Ειρήνης στα μακεδονικά μνημεία του 14ου αιώνα είναι ιδιαίτερα τονισμένη και αυτό καταρχήν συνδέεται πιθανότατα με το συναξάρι της αγίας, σύμφωνα με το οποίο η Ειρήνη μαρτύρησε και σε αυτή την περιοχή και ιδιαίτερα στη Μεσημβρία. Το τελευταίο στοιχείο συμβάλλει, πιστεύουμε, στην αναζήτηση της αφιερώτριας στο χώρο της Μακεδονίας και σε προσωπικότητα που συνδέεται και με την παλαιολόγεια Μεσημβρία.

Στο πρώτο μισό του 14ου αιώνα, όπου χρονολογήθηκε η εικόνα σύμφωνα με την τελευταία δημοσίευσή της (Παπαζώτος 1995, 48, πίν. 23), προσωπικότητα που συνδέεται με τη Βουλγαρία και αποτελεί μέλος της αυτοκρατορικής Αυλής του Βυζαντίου αυτή την εποχή είναι βέβαια η Ειρήνη Καντακουζηνή Ασανίνα που στέφεται το 1341 αυτοκράτειρα στο Διδυμότειχο.

Η εξαιρετικά κοσμημένη και μεγαλόπρεπη παράσταση της εικόνας του Βυζαντινού Μουσείου, η ωραιότητα της οποίας εντυπωσιάζει και τον ίδιο τον αφιερωτή που σύμφωνα με την επιγραφή τη χαρακτηρίζει φαιδρά και σεπτή, είναι πιθανό να παραπέμπει σε θριαμβικό δρώμενο σε σχέση με τη στέψη της Ειρήνης της Καντακουζηνής. Επιπλέον ο Ευθύμιος που αναφέρεται στην επιγραφή με τον τύπο *Π(ΑΤ)Ρ(ΟC) ΕΥΘΥΜΗΟΥ* μπορεί ίσως να ταυτιστεί με το μητροπολίτη Μηδείας Θράκης (1345-1351), που την εποχή που στέφεται η Ειρήνη αυτοκράτειρα στο Διδυμότειχο, διοικεί ένα από τα σημαντικά εκκλησιαστικά κέντρα της Θράκης.

Από την άλλη πλευρά, η εικόνα που προέρχεται από άγνωστο ναό της Βέροιας θα μπορούσε πραγματικά με κάποιο τρόπο να κοσμούσε ναό της Βέροιας εφόσον από το 1343 μέχρι το 1346 διοικητής

στη Βέροια ήταν ο Εμμανουήλ, γιος της Ειρήνης και του Ιωάννου ΣΤ΄ του Καντακουζηνού.

Μετά τα παραπάνω και με το σκεπτικό ταύτισης της εικόνας με αφιέρωμα που γίνεται από το μητροπολίτη Μηδείας Θράκης Ευθύμιο με την ευκαιρία της στέψης της Ειρήνης Καντακουζηνής αυτοκράτειρας, η εικόνα χρονολογείται στο δεύτερο τέταρτο του 14ου αιώνα, εποχή στην οποία μπορούν επίσης να παραπέμπουν και τα τεχνοτροπικά χαρακτηριστικά του έργου.

Β΄ ΟΨΗ Ο άγιος Ζωσιμάς με αντερί και μοναχικό μανδύα γυρίζει προς τα δεξιά και προσφέρει με δισκοπότηρο τη Θεία Μετάληψη στην αγία Μαρία την Αιγυπτία, η οποία μόλις διακρίνεται γονατιστή μπροστά του.

Η παράσταση, χωρίς ιδιαίτερη προετοιμασία και επιμέλεια, φαίνεται να αποτελεί συμπληρωματική προσθήκη στην πίσω όψη της εικόνας, που θα εκπληρούσε πιθανότατα λειτουργικές ανάγκες ιδιωτικής λατρείας.

Διαστ. 0,75×0,50 μ.

ΒΙΒΛΙΟΓΡΑΦΙΑ Χατζηδάκης 1966, 18. Χατζηδάκη 1984, 23-24, εικ. 10, πίν. 10. Αχειμάστου-Ποταμιάνου 1985, 84, εικ. 4. Παπαζώτος 1995, 48, πίν. 23.

The Virgin is depicted in bust and holding the Christ-Child, in a variation of the type of the Glykophilousa. She is tightly wrapped in the closed purple maphorion, beneath which only a small part of the deep blue headdress and the narrow cuffs of the red chiton are visible. She holds Christ in her left arm and inclines towards him so that her face tenderly touches his.

Christ, sitting with his legs drawn up together and covered by his himation, turns his face towards his mother. His left hand nestles in her left palm, while the right seems to cling to her maphorion high on the chest.

Iconographically the representation is a precursive type of the Virgin Glykophilousa, with the Child's hand in the Virgin's, which has recently been linked typologically and cognitively with Christ's analogous gesture in the Deposition from the Cross (Baltoyianni 1994, no. 38).

One of the earliest examples of this composite scheme is encountered in the large icon of the same subject in the katholikon of the Dečani Monastery (Djurić 1961, no. 30, pl. XLV). In this work, dated to 1350, the period when the wall-paintings in the narthex had been completed, the type is already crystallized. Its iconographic differences from the Byzantine Museum icon are due to the fact that it is earlier and constitutes a *terminus post quem* for dating our icon. The Virgin at Dečani is still full-bodied and holds the Christ-Child right, most probably denoting the original type from which the Virgin Glykophilousa in bust and with Christ on the left also derived.

Stylistically our representation, as indeed the whole form of the icon, displays traits peculiar to a particular place and conception of painting. We have here a remarkable economy of painterly and other means, not least the restricted range of colours, limited to cinnabar, purple and very little green. These stark, coarse-grained pigments with minimal additives are also applied economically. The diverse shapes in different tones on the drapery of the garments are almost entirely absent, and the folds are rendered by a few summary, superficial lines. The modelling of the flesh is similarly achieved by diffuse, flat brown-ochre highlights on the light brown planes of the foundation. The overall chromatic impression is warm and the overall dynamic emerges mainly from the distinctive ethos of the figures, emanating from the inspired expression on the countenances, with very precise and pronounced features, the treatment of which seems to be the painter's chief and conscious concern.

Most of the above characteristics are encountered in works produced by a local fourteenth-century workshop in Veroia, and specifically in the wall-painting of the Annunciation in the parish church of Saint George (Παπαζώτος 1994, 182, pl. 16).

The figure of the Virgin in that scene presents not only the stylistic and expressive means of our image, but also the specific facial features of our Glykophilousa.

Dim. 0,93×0,585 m.

BIBLIOGRAPHY Χατζηδάκη 1981, 87-88. Χατζηδάκη 1985-1986, 216, 220, fig. 2. Παπαζώτος 1994, 58, pl. 62.

Τέλη 14ου αι.

Η Παναγία εικονίζεται σε προτομή βρεφοκρατούσα και σε παραλλαγή του τύπου της Γλυκοφιλούσας. Είναι τυλιγμένη σφιχτά στο κλειστό πορφυρό μαφόριο, από το οποίο προβάλλει μικρό μέρος από το βαθυγάλανο κεφαλόδεσμο και τον κόκκινο χιτώνα, όπως αποκαλύπτεται στα στενά του επιμάνικα. Κρατεί τον Χριστό στο αριστερό χέρι της και γέρνει κοντά του, έτσι που το πρόσωπό της αγγίζει τρυφερά το δικό του. Ο Χριστός κάθεται με μαζεμένα και κλειστά τα καλυμμένα από το ιμάτιο πόδια του και γυρίζει το πρόσωπο προς τη μητέρα του. Το αριστερό χέρι του αφήνει στην αριστερή παλάμη της Παναγίας και με το άλλο μοιάζει να κρατιέται από το μαφόριό της ψηλά στο στήθος.

Εικονογραφικά η παράσταση αποτελεί προδρομικό τύπο της Γλυκοφιλούσας Παναγίας με το χέρι του παιδιού στο χέρι της μητέρας του και έχει πρόσφατα συνδεθεί τυπολογικά και νοηματικά με την ανάλογη κίνηση του Χριστού στην παράσταση της Αποκαθήλωσης (Baltoyianni 1994, αριθ. 38).

Από τις αρχαιότερες παραστάσεις του σύνθετου αυτού σχήματος σημειώνεται η μεγάλη εικόνα με το ίδιο θέμα στο καθολικό της μονής της Dečani (Djurić 1961, αριθ. 30, πίν. XLV). Η εικόνα ιης Dečani που χρονολογείται στο 1350, εποχή που ολοκληρώθηκε η τοιχογράφηση στο νάρθηκα του καθολικού, εμφανίζει ήδη ολοκληρωμένο τον τύπο. Οι εικονογραφικές διαφορές της από την παράστασή μας παραπέμπουν στην πρωιμότερη εποχή της και αποτελούν terminus post quem για τη χρονολόγηση της εικόνας μας. Η Παναγία εκεί είναι ακόμη ολόσωμη και δεξιοκρατούσα δηλώνοντας πιθανότατα τον αρχικό τύπο από τον οποίο προέκυψε και η Γλυκοφιλούσα σε προτομή και αριστεροκρατούσα.

Τεχνοτροπικά η παράσταση, όπως και η όλη μορφή της εικόνας, εμφανίζει ιδιαίτερα χαρακτηριστικά που την εντάσσουν σε συγκεκριμένο χώρο και συγκεκριμένη ζωγραφική αντίληψη. Εντοπίζεται εδώ εντυπωσιακή λιτότητα των ζωγραφικών και άλλων μέσων της. Η λιτή ειδικότερα κλίμακα των χρωμάτων της περιορίζεται στο κόκκινο του κινάβαρι, στο πορφυρό και στις μικρής έκτασης περιοχές του πράσινου. Αυτά τα περιορισμένα σε κλίμακα, αδρά χονδρόκοκκα και χωρίς μεγάλες προσμείξεις χρώματα απλώνονται και με λιτά μέσα. Λείπουν σχεδόν εντελώς τα σύνθετα και σε διαφορετικούς τόνους σχήματα των πτυχώσεων στα ρούχα των μορφών που αποδίδονται με συνοπτικά λιγοστά και επιπόλαια γραψίματα. Ανάλογη συμπεριφορά παρατηρείται και στην απόδοση των σαρκωμάτων που δίνονται με διάχυτα και επίπεδα ωχροκάστανα φώτα, πάνω στις φωτεινές επίσης και χωρίς επίμονα πλασίματα καστανές επιφάνειες των προπλασμών. Η όλη εντύπωση δίνει ζεστά χρώματα και η όλη επίσης δυναμική της παράστασης προκύπτει κυρίως από το ιδιαίτερο ήθος των μορφών, όπως προκύπτει από την εμπνευσμένη έκφραση των προσώπων με τα εξαιρετικά επιμελημένα και έντονα φυσιογνωμικά χαρακτηριστικά των προσώπων, η σύνθετη αντιμετώπιση των οποίων φαίνεται να αποτελεί και το κύριο και εσκεμμένο μέλημα του δημιουργού της εικόνας.

Τα περισσότερα από τα παραπάνω χαρακτηριστικά εντοπίζονται σε έργα τοπικού εργαστηρίου του 14ου αιώνα στη Βέροια και ειδικότερα στην τοιχογραφημένη παράσταση του Ευαγγελισμού στον ενοριακό ναό του Αγίου Γεωργίου (Παπαζώτος 1994, 182, πίν. 16).

Στη μορφή της Παναγίας του Ευαγγελισμού εκεί, αναγνωρίζονται τόσο τα τεχνοτροπικά και εκφραστικά μέσα της παράστασής μας, όσο και τα ιδιαίτερα φυσιογνωμικά χαρακτηριστικά της Γλυκοφιλούσας μας.

Διαστ. 0,93×0,585 μ.

ΒΙΒΛΙΟΓΡΑΦΙΑ Χατζηδάκη 1981, 87-88. Χατζηδάκη 1985-1986, 216, 220, εικ. 2. Παπαζώτος 1994, 58, πίν. 62.

SAINT MARINA
Early 15th century

The large icon of Saint Marina, with its highly burnished gold ground and wide slightly raised integral frame, the general richness in its painting and flawless execution, displays traits of an early fifteenth-century Cretan workshop. A tall monumental figure, the saint is portrayed in bust and frontal pose, holding the martyr's cross in her right hand and with the palm of her left outwards in a gesture and attitude also denoting martyrdom. She is attired in an ample bright red maphorion with gold border band, visible from its free finial that falls right in undulating folds and in front on the chest. The elaborate and inventive arrangement of the lavish garment is accompanied by the equally composite form of the chiton, as seen in the triangular opening left by the maphorion crossing over the chest. Deep blue to black in colour and sleeved, the chiton is in fact double, since it seems to cover a cloth-of-gold chemise, just visible on the throat. The headband, richly decorated with dense gold striations, projects beneath the headcovering.

Of particular iconographic interest are the three little stars on the saint's shoulders and headcovering over the forehead, motifs known only from the iconography of the Virgin. The explanation for this peculiar element, already established in early Palaeologan times, is found in the saint's Vita *(synaxarion)*, where it is recorded that a large luminous cross and a white dove, an explicit allusion to the Holy Trinity, frequently appeared to Marina. It appeared in this form at the saint's victory in her struggle with the devil, as well as during one of her tortures in a vat of water. There the appearance of the Holy Trinity has been associated with the baptism of Marina, alluding to the appearance of the Holy Trinity at the Baptism of Christ.

The iconographic rendering of Saint Marina in a red maphorion, established since Byzantine times (Γ. και Μ. Σωτηρίου 1956, pls 50, 183; 1958, 68-69), is also interpreted from her Vita, where her virginal chiton was dyed red with the blood of her martyrdom.

Stylistically the representation is imbued with the serious ethos achieved by the means applied in late Palaeologan painting of Constantinople, executed with the more conservative and restrained brush of early Cretan painting.

The flesh here is modelled with harsh linear highlights on a strong olive green foundation and slightly schematic bright enhancements. The drawing of the features is feeble, yet the expression of the eyes is vital and alert. Traits such as the two shades of rose on the lips and the freely placed, albeit linear, highlights at the edges of the volumes indicate the work's still close relationship with the Palaeologan model and lead to its dating in the first quarter of the fifteenth century. It is worth noting that the dark olive green foundation and the large eyes with vague outlines which do not close in their inner corner, are features encountered in the art of the Cretan painter Angelos.

However, although several of the means and methods of the painter of our icon can be identified with analogous practices by Angelos, we suggest that this remarkably sensitive representation, still very close to late fourteenth century Constantinopolitan works, was created by an anonymous Cretan painter perhaps a little earlier than Angelos.

Dim. 1,15×0,78 m.

T 85

CONSERVATION A. Margaritoff (1960).

BIBLIOGRAPHY Σωτηρίου 1924β, 80. Σωτηρίου 1931², 75. Sotiriou 1932, 84. Sotiriou 1955, 17. Χατζηδάκης 1960, 12. Sotiriou 1962, 16. Chatzidakis 1965, XXXV. LXXXVI, fig. p. 83. Chatzidakis 1966, XXXV, LXXXVIII, fig. p. 83. Chatzidakis 1980, 83, 225, fig. 115. Chatzidakis 1981, fig. p. 329. Chatzidakis 1982, fig. p. 329. Chatzidakis 1983, 226, fig. p. 115. Μπαλτογιάννη 1985, 19. Baltoyanni 1986, 19. N. Chatzidakis 1986, 89, fig. 49. N. Chatzidakis 1987, 167, pl. 31. Χατζηδάκη 1988, 201, pl. 41. Yon - Sers 1990, 314.

ΜΑΡ   ΝΑ

Η ΑΓΙΑ ΜΑΡΙΝΑ
Αρχές 15ου αι.

Ἄριστα επιμελημένη η μεγάλη εικόνα της αγίας Μαρίνας με το εξαιρετικά στιλβωμένο χρυσό βάθος, το πλατύ και ελαφρά έξεργο πλαίσιο, και με τα πλούσια γενικότερα ζωγραφικά μέσα της φέρει στοιχεία κρητικού εργαστηρίου των αρχών του 15ου αιώνα. Ψηλή και μνημειακή μορφή εικονίζεται σε προτομή και μετωπική. Κρατεί στο δεξιό χέρι της το σταυρό της μάρτυρος και φέρνει το αριστερό με την παλάμη προς τα έξω σε κίνηση και θέση δηλωτική επίσης της μάρτυρος. Φορεί το παγιωμένο από τα βυζαντινά χρόνια κόκκινο φωτεινό μαφόριο με χρυσή ταινία στις παρυφές του, όπως φαίνεται από την ελεύθερη πτυχωτή απόληξή του που πέφτει κυματιστή δεξιά και μπροστά στο στήθος. Με τη σύνθετη και ευρηματική διευθέτηση αυτού του πλούσιου και άνετου μαφορίου συμβαδίζει και η σύνθετη επίσης μορφή του χιτώνα της, όπως προβάλλει από το τριγωνικό άνοιγμα που δημιούργησε το ελεύθερο εδώ σταύρωμα του μαφορίου μπροστά στο στήθος. Ο βαθυγάλανος έως μαύρος χειριδωτός χιτώνας της είναι διπλός, καθώς φαίνεται να καλύπτει εσωτερικό χρυσόνιμο πουκάμισο, που τμήμα του διακρίνεται στη βάση του λαιμού. Πλούσια κοσμημένος είναι και ο κεφαλόδεσμος που προβάλλει με πυκνές χρυσογραφίες κάτω από την καλύπτρα της κεφαλής της.

Εικονογραφικό ενδιαφέρον παρουσιάζουν και τα τρία αστέρια που γράφονται στους ώμους και στο καλυμμένο από την καλύπτρα της κεφαλής μέτωπο της αγίας, γνωστά μόνο από την εικονογραφία της Παναγίας. Το περίεργο αυτό στοιχείο που παγιώνεται ήδη από τα πρώιμα παλαιολόγεια χρόνια βρίσκει την ερμηνεία του στο συναξάρι της αγίας, όπου συχνά εμφανίζεται στην αγία Μαρίνα μεγάλος σταυρός μέσα σε φως και άσπρη περιστερά με σαφή αναφορά στην Αγία Τριάδα. Με την ίδια μορφή παρουσιάστηκε στα νικητήρια της αγίας στην πάλη της με το διάβολο, όπως και κατά τη διάρκεια μαρτυρίου της με την αγία μέσα σε κάδο νερού. Η παρουσία της Αγίας Τριάδας εκεί σχετίστηκε με το βάπτισμα της αγίας Μαρίνας σε αναφορά με την παρουσία της Αγίας Τριάδας στη Βάπτιση του Χριστού. Ανάλογη άλλωστε ερμηνεία με αναφορά στην Αγία Τριάδα έχει δοθεί και για τα τρία αστέρια της Παναγίας, τη θέση και το είδος των οποίων αντιγράφει η εικονογραφία της αγίας Μαρίνας.

Η από τα βυζαντινά χρόνια εικονογραφική απόδοση της αγίας Μαρίνας (Γ. και Μ. Σωτηρίου 1956, πίν. 50, 183 και 1958, 68-69) με κόκκινο μαφόριο ερμηνεύεται επίσης από το συναξάρι της αγίας, όπου τον παρθενικό χιτώνα της έβαψε κόκκινο το αίμα του μαρτυρίου της.

Η παράσταση τεχνοτροπικά αποπνέει το σοβαρό ήθος της μορφής που αποδίδεται με τα ζωγραφικά μέσα της όψιμης παλαιολόγειας κωνσταντινουπολίτικης ζωγραφικής εφαρμοσμένα με τον περισσότερο συντηρητικό και συγκρατημένο χρωστήρα της πρώιμης κρητικής ζωγραφικής.

Τα πλασίματα εδώ αποδίδονται με έντονους λαδοπράσινους προπλασμούς, σκληρά γραμμικά φώτα και ελαφρά σχηματοποιημένες τις φωτεινές επιφάνειες. Τα γραψίματα στα χαρακτηριστικά της μορφής είναι άτονα και η έκφραση των ματιών ακόμη ζωντανή. Ειδικότερα ακόμη στοιχεία, όπως οι δύο τόνοι του ρόδινου στα χείλη της μορφής και τα με ελευθερία βαλμένα, έστω και γραμμικά, φώτα στις άκρες των όγκων δηλώνουν στενή ακόμη σχέση της παράστασης με το παλαιολόγειο πρότυπο και οδηγούν στη χρονολόγηση του έργου στο πρώτο τέταρτο του 15ου αιώνα. Αξίζει να σημειωθεί ότι ο σκούρος λαδοπράσινος προπλασμός, τα χωρίς περιγράμματα μεγάλα μάτια, τα άτονα περιγράμματα των οποίων δεν κλείνουν στην εσωτερική γωνία τους, είναι στοιχεία που συ-

ναντώνται στη ζωγραφική του κρητικού ζωγρά-
φου Αγγέλου.

Παρά την ταύτιση αρκετών από τα μέσα και τις
μεθόδους του έργου με εκείνα του κρητικού ζω-

γράφου Αγγέλου, το τόσο ευαίσθητο έργο, πολύ
κοντά ακόμη στα κωνσταντινουπολίτικα έργα του
τέλους του 14ου αιώνα, αποτελεί δημιουργία κρη-
τικού ζωγράφου, ίσως πρωιμότερου του Αγγέλου.

Διαστ. 1,15×0,78 μ.

Τ 85

ΣΥΝΤΗΡΗΣΗ Α. Μαργαριτώφ (1960).

ΒΙΒΛΙΟΓΡΑΦΙΑ Σωτηρίου 1924β, 80. Σωτηρίου 1931², 75. Sotiriou 1932, 84. Sotiriou 1955, 17. Χατζηδάκης 1960, 12. Sotiriou 1962, 16. Chatzidakis 1965, XXXV. LXXXVI, εικ. σ. 83. Chatzidakis 1966, XXXV, LXXXVIII, εικ. σ. 83. Chatzidakis 1980, 83, 225, εικ. 115. Chatzidakis 1981, εικ. σ. 329. Chatzidakis 1982, εικ. σ. 329. Chatzidakis 1983, 226, εικ. σ. 115. Μπαλτογιάννη 1985, 19. Baltoyanni 1986, 19. N. Chatzidakis 1986, 89, εικ. 49. N. Chatzidakis 1987, 167, πίν. 31. Χατζηδάκη 1988, 201, πίν. 41. Yon - Sers 1990, 314.

DOUBLE-SIDED ICON
SIDE A: THE VIRGIN OF TENDERNESS
SIDE B: THE CRUCIFIXION
15th century

SIDE A The Virgin holds the Christ-Child in her right arm, in a variation of the type of the Virgin Glykophilousa, mainly due to the Child's movement and pose. Christ sits on his mother's right hand and turns towards her with his back almost to the beholder, bringing his face close to hers. He clings to her maphorion with his extended left hand, while his right nestles gently in her palm. The Child's himation has fallen low around the waist, exposing his white chiton, girdled round the waist by a red sash held in place by integral straps from the shoulders. Top left and right of the Virgin's halo are two venerating angels in bust.

The representation bears a later inscription with the eponym of the Virgin: Η ΘΕΟΣΚΕΠΑΣΤΟΣ (The Theoskepastos = God-sheltered). At the bottom of the icon is a row of saints depicted in bust, frontal and on a much smaller scale; they are from left to right: Saint Photini, Saint Paraskevi, Saint Theodosia and Saint George, Saint Demetrios, Prophet Daniel, Prophet Elijah and Saint Andrew of Crete.

The composite scheme of the icon, with the iconographic detail of the child's hand nestling in his mother's, has been linked typologically with a variant of the Glykophilousa whose particular meaning alludes to the Virgin's vision of Christ's future Passion and specifically to the typology and content of the Deposition from the Cross (Baltoyianni 1994, no. 38). Its already crystallized model is encountered in a large Palaeologan icon of the Virgin at Dečani (Djurić 1961, no. 30, pl. XLV) as well as in the late fourteenth-century icon in the Byzantine Museum (Cat. no. 17). The well-known fifteenth-century icon of the Virgin of the Kastro, in the homonymous church on Leros, also belongs to the same composite type (Μπορμπουδάκης 1989, 138, pl. pp. 139-140). Stylistically the representation displays traits of a local workshop of the early fifteenth century, with influences from several traditions. The Virgin's elongated face, her long thin nose, small mouth and very tapering fingers derive from a Palaeologan model. On the contrary, other elements, such as the harsh fine white highlights at the edges of the folds and under the final layer of diluted lac on the maphorion, bespeak knowledge of contemporary Cretan painting.

SIDE B The Crucifixion is represented with the three main figures in the event, outside the walls of Jerusalem. Left, the Virgin below the Cross brings her left hand to her face and outstretches her right towards the Crucified Christ. Right, John bends his head deeply, resting his face on his right hand and leaving the left to droop at his side in desolation. The iconographic and stylistic traits of the work denote its relationship with fifteenth-century painting in Rhodes, and in particular with the Crucifixion in the wall-paintings in the church of Hagios Phanourios (Ορλάνδος 1948, 166, pl. 132).

Lastly, the iconographic and stylistic peculiarities of the work, and its affinity with the icon of the Virgin in Leros as well as with the wall-painting of the Crucifixion in Rhodes, suggest that it was produced in a local workshop in the Dodecanese. It is worth adding that there is on Leros a church of the Virgin Theoskepasti, the eponym that appears on our icon.

Dim. 1,125×0,745 m.

T 139

CONSERVATION V. Anapliotou and S. Minou (1998).

BIBLIOGRAPHY Sotiriou 1962, 16. Χατζηδάκης s.a., 71, fig. 2. Λαζαρίδης 1978, 8. Χατζηδάκη 1981, 87-88. Χατζηδάκη-Μπαχάρα 1982, 10-11. Μπαλτογιάννη 1994, 160, pl. 71-72.

ΑΜΦΙΠΡΟΣΩΠΗ ΕΙΚΟΝΑ
Α΄ ΟΨΗ: Η ΠΑΝΑΓΙΑ ΓΛΥΚΟΦΙΛΟΥΣΑ
Β΄ ΟΨΗ: Η ΣΤΑΥΡΩΣΗ
15ος αι.

19.

Α΄ ΟΨΗ Η Παναγία κρατεί στο δεξιό χέρι τον Χριστό σε παραλλαγή του τύπου της Γλυκοφιλούσας. Η παραλλαγή διαμορφώνεται κυρίως στη σύνθετη κίνηση και στάση του παιδιού. Ο Χριστός κάθεται στο δεξιό χέρι της μητέρας του, γυρίζει προς αυτήν με την πλάτη περίπου προς το θεατή, φέρνει το πρόσωπό του κοντά στο δικό της, κρατιέται από το μαφόριό της με απλωμένο το ένα χέρι και αφήνει το άλλο μέσα στην παλάμη της. Το ιμάτιό του έχει πέσει χαμηλά στη μέση αφήνοντας να φαίνεται ο λευκός χιτώνας του με την κόκκινη ζώνη, που κατεβαίνει με σύμφυτους ιμάντες από τους ώμους και περισφίγγει τη μέση του. Πάνω αριστερά και δεξιά από το φωτοστέφανο της Παναγίας δύο άγγελοι σε προτομή σεβίζουν.

Η παράσταση φέρει μεταγενέστερη επιγραφή με την επωνυμία της Παναγίας: *Η ΘΕΟΣΚΕΠΑΣΤΟC*. Στο κάτω μέρος της εικόνας εικονίζεται σειρά αγίων σε μικρή κλίμακα. Είναι σε προτομή και μετωπικοί. Από αριστερά προς τα δεξιά η αγία Κυριακή που σε μεταγενέστερη επιγραφή φέρεται ως αγία Φωτεινή, η αγία Παρασκευή, η αγία Θεοδοσία, οι άγιοι Γεώργιος και Δημήτριος, ο προφήτης Δανιήλ, ο προφήτης Ηλίας και ο άγιος Ανδρέας Κρήτης.

Το σύνθετο εικονογραφικό σχήμα της εικόνας μας με την εικονογραφική λεπτομέρεια — το χέρι του παιδιού να αφήνεται στο χέρι της μητέρας του —, συνδέθηκε τυπολογικά με παραλλαγή της Γλυκοφιλούσας, το ιδιαίτερο νόημα της οποίας παραπέμπει στην ενόραση της Παναγίας για το μελλοντικό Πάθος του Χριστού, και ιδιαίτερα στην τυπολογία και το νόημα της Αποκαθήλωσης (Baltoyianni 1994, αριθ. 38). Το διαμορφωμένο ήδη πρότυπό της βρίσκει στην παλαιολόγεια μεγάλη εικόνα της Παναγίας στη Dečani (Djurić 1961, αριθ. 30, πίν. XLV), όπως και στην εικόνα του τέλους του 14ου αιώνα του Βυζαντινού Μουσείου που εξετάζεται εδώ (αριθ. Κατ. 17). Στον ίδιο σύνθετο τύπο είναι και η γνωστή εικόνα της Παναγίας του Κάστρου της Λέρου που χρονολογείται στο 15ο αιώνα (Μπορμπουδάκης 1989, 138, πίν. σ. 139-140).

Τεχνοτροπικά η παράσταση εμφανίζει στοιχεία τοπικού εργαστηρίου των αρχών του 15ου αιώνα με την επίδραση διαφορετικών παραδόσεων. Το μακρύ πρόσωπο της Παναγίας, η πολύ λεπτή και μακριά μύτη, το μικρό στόμα και τα εξαιρετικά ραδινά δάχτυλα των χεριών της προέρχονται από παλαιολόγειο πρότυπο. Αντίθετα, άλλα στοιχεία της παράστασης, όπως τα σκληρά λευκά και λεπτά φώτα στις άκρες των πτυχώσεων και κάτω από το τελευταίο στρώμα της αραιωμένης λάκκας του μαφορίου, δηλώνουν γνώση των μεθόδων της κρητικής ζωγραφικής, όπως εφαρμόζονται στο 15ο αιώνα.

Β΄ ΟΨΗ Η Σταύρωση αποδίδεται με τα τρία κύρια πρόσωπα του δρώμενου έξω από τα τείχη της Ιερουσαλήμ. Η Παναγία, κάτω από το Σταυρό και αριστερά, φέρνει το αριστερό χέρι της στο πρόσωπο και τείνει το δεξιό προς τον Εσταυρωμένο. Ο Ιωάννης δεξιά γέρνει βαθιά το κεφάλι ακουμπώντας το πρόσωπο στο δεξιό χέρι του και αφήνει το άλλο να πέφτει προς τα κάτω με απόγνωση. Από τα εικονογραφικά και τεχνοτροπικά χαρακτηριστικά της παράστασης δηλώνεται σχέση της με τη ζωγραφική του 15ου αιώνα στη Ρόδο και ειδικότερα με την τοιχογραφημένη Σταύρωση του Αγίου Φανουρίου (Ορλάνδος 1948, 166, εικ. 132).

Τέλος, οι εικονογραφικές και τεχνοτροπικές ιδιαιτερότητες της εικόνας, η σχέση της με την Παναγία της Λέρου, όπως και με την τοιχογραφημένη Σταύρωση της Ρόδου, οδηγούν στην υπόθεση ότι το έργο ανήκει σε τοπικό εργαστήριο αυτής της περιοχής. Αξίζει επιπλέον να σημειωθεί ότι στη Λέρο υπάρχει ναός της Παναγίας Θεοσκέπαστης, την επωνυμία της οποίας φέρει με επιγραφή και η εικόνα μας.

Διαστ. 1,125×0,745 μ.

Τ 139

ΣΥΝΤΗΡΗΣΗ Β. Αναπλιώτου και Σ. Μίνου (1998).

ΒΙΒΛΙΟΓΡΑΦΙΑ Sotiriou 1962, 16. Χατζηδάκης χ. χρ., 71, εικ. 2. Λαζαρίδης 1978, 8. Χατζηδάκη 1981, 87-88. Χατζηδάκη-Μπαχάρα 1982, 10-11. Μπαλτογιάννη 1994, 160, πίν. 71-72.

The many-figured Crucifixion, western in its pictorial ambience, is painted on a gold ground. The scene is set outside the walls of Jerusalem, with their crisply and carefully outlined crenellations unevenly spaced, and a large decorative zone in grisaille. Christ hangs from the large high Cross at the centre of the composition, his knees slightly flexed and his head drooping on the right shoulder. He wears a flimsy draped loincloth, tied at the side with the pointed end fluttering to the left. Angels winging towards the Cross, in varied poses and gestures of lamentation, fill the gold ground in the upper part of the icon. Three of them, holding a wide basin in their hands, collect the blood that runs from the wounds of the nails and the lance. Kneeling at the foot of the Cross is Mary Magdalene, her loosened hair about her shoulders as she uplifts her face and clings desperately with both hands to Christ's feet. Behind her left, the Virgin leans in the embrace of the myrrh-bearing women and her female companions. Clad in a deep blue maphorion with gold and fringed edge, she is turned towards the centre and beholds the Cross. John bends over in front of her and clasps her right hand in both of his.

The protagonists of the Crucifixion are surrounded by a host of figures involved in several secondary incidents. Left of and behind the Virgin is a group of women with tight headbands and veils, all gazing towards the Crucified Christ. Opposite them right, below the Cross, is a group of young Romans, clean-shaven and short-cropped, dressed in sleeveless tunics and also looking towards Christ. In the foreground, with his back to the viewer, is the young man holding the reed and sponge, and next to him is a Roman soldier turned towards the Cross, his right hand on his chest in a gesture of amazement. In the foreground right are two bearded Jews, huddled close and apparently conversing, while behind them is a crowd of men,

among them Jews with head shawls and Roman soldiers, all turned towards the centre. Below is the scene of dividing Christ's garments, and top left and right the Roman soldiers, with raised standards and spears, arrive at the place of the Crucifixion. To the fore left is a Roman officer on horseback, and right, the Centurion, also on horseback, with his right hand raised towards Christ.

The diverse gestures and poses of the figures, their anxious expressions and motley appearance contribute to the pervasive troubled atmosphere of the work. This composite representation with a host of realistic elements in the facial features, the expression, and the appearance of the figures, as well as in their movement in space, is nevertheless depicted against the transcendental Byzantine gold ground and is still closely bound to the tenor of Byzantine painting. In addition to the above, the stylistic rendering of the figures, the clearly outlined elements of the representation and above all the ethos of Christ, follow principles and methods analogous to those of Palaeologan painting in the Perivleptos at Mystras. Of particular interest for this relationship is the iconographic detail of the two old men very close together and seemingly talking, which is also encountered in the Entry into Jerusalem in the Perivleptos (Χατζηδάκης 1956, pl. 22). There they are painted in front of the group of Jews welcoming Christ, outside the gateway to Jerusalem.

It should be noted that in the essentially western representation of our icon these Palaeologan elements are used with the means of a conservative Gothic art, such as that practised in Venice in the fourteenth century by the great painter Paolo Veneziano. As is well known, in this period, Venice, whose cultural consciousness was formed by its political and economic orientation towards the East and especially towards Byzantium, continued to be fascinated by Byzantine art and was dilatory in activating the new principles of western, that is Gothic, expression.

It is also known that the presence in significant monuments of the city of impressive Byzantine mosaics, in the execution of which local workshops participated (Demus 1984, 1-17), set the precedent for the creation of an important Venetian workshop in the early fourteenth century, which produced Byzantinesque portable icons and wall-paintings (Lazareff 1931, 1-31) that also display the first distinct Gothic characteristics.

The phenomenon of Paolo Veneziano belongs in this tradition, and in his works this combination reached its finest hour. Palaeologan influences are overt in Veneziano's early creations: Le Storie della Vergine, in the Museo Civico di Pesaro, Storie del Beato Bembo (1321), in the chapel of Saint Blaise of Dignano, at Istria (Pallucchini 1966, pl. I). They do not retreat in his later works either, despite the overall western appearance and atmosphere of his art, but on the contrary become more intense. Among the precious works of this complex and essential amalgam is the Dormition of the Virgin (1333) in the Museo Civico, Vicenza (Pallucchini 1966, pl. III). We ascribe the Byzantine Museum

icon of the Crucifixion; which displays similarities with the Dormition and more advanced chronological elements, to the same painter, the same trend and the mid-fourteenth century. There are resemblances in physiognomy between figures in the Dormition of the Virgin and in our icon, such as Saint John the Theologian and the left one of the two Jewish men apparently conversing below the Cross.

The Virgin in the Dormition, despite her pale face, also resembles the Virgin below the Cross in the Byzantine Museum icon. There are analogies too in the apportionment of the red colour in both works as well as in the manner of modelling the flesh, with rouging on the cheeks and white highlights at the edges of the volumes which are rendered in a painterly manner. Some differences remarked, such as the simplification of the drapery and the mixing of colours on the garments of the figures in our icon, as compared with the more composite hues and tones of the garments in the Dormition, are due to the later date of the Crucifixion.

So we conclude that the Byzantine Museum icon is a work by the great fourteenth-century Venetian master Paolo Veneziano in a clearer and more Palaeologanesque Gothic rendering.

Dim. 1,09×0,605 m.

T 246

BIBLIOGRAPHY Σωτηρίου 1924β, 80. Σωτηρίου 1931², 84. Sotiriou 1962, 16. Chatzidakis 1970, 68 no. 18, 69 no. 19-22, pl. pp. 35, 36, pl. 1-3, p. 37. Chatzidakis s.a., 24, pl. 14. Χατζηδάκης s.a., 71, fig. 3. Taylor 1979, fig. pp. 73-75.

Η ΣΤΑΥΡΩΣΗ
Μέσα 14ου αι.

20

Σε χρυσό βάθος καί έξω από τα τείχη της Ιερουσαλήμ, με φροντισμένες και ξακρισμένες σε περιγράμματα ανισόπεδες επάλξεις και μεγάλη σε μονογραφία διακοσμητική ζώνη, ζωγραφίζεται πολυπρόσωπη και σε δυτική εικαστική ατμόσφαιρα η Σταύρωση. Στον ψηλό και μεγάλο Σταυρό του κέντρου της σύνθεσης, ο Χριστός κρέμεται με λυγισμένα ελαφρά τα γόνατα. Φορεί διάφανο πτυχωτό περίζωμα με κυματιστή τη μυτερή απόληξή του αριστερά, που δένεται στο πλάι. Το κεφάλι του πέφτει στο δεξιό ώμο. Άγγελοι που σπεύδουν προς το Σταυρό, γεμίζουν το χρυσό βάθος στο πάνω μέρος της παράστασης σε ποικίλες στάσεις και κινήσεις θρήνου. Τρεις από αυτούς με πλατιά λεκανίδα στα χέρια συλλέγουν το αίμα που τρέχει από τις πληγές των ήλων και της λόγχης. Στα πόδια του Σταυρού γονατιστή η Μαρία Μαγδαληνή, με λυμένα μαλλιά στους ώμους, σηκώνει το πρόσωπο ψηλά και με τα δύο χέρια και κρατιέται με απόγνωση από το υποπόδιο του Χριστού. Πίσω της και αριστερά, η Παναγία γέρνει στην αγκαλιά των μυροφόρων γυναικών και φίλων της. Φορεί βαθυγάλανο μαφόριο με χρυσή και κροσσωτή την παρυφή του. Είναι γυρισμένη προς το κέντρο και το πρόσωπό της βλέπει προς το Σταυρό. Σκυμμένος μπροστά της ο Ιωάννης κρατεί και με τα δύο χέρια του τη δεξιά παλάμη της. Γύρω από τα πρωταγωνιστικά πρόσωπα της Σταύρωσης συνωστίζεται πλήθος προσώπων σε διάφορα και δευτερεύοντα δρώμενα. Αριστερά και πίσω από την Παναγία, όμιλος γυναικών με σφιχτούς κεφαλόδεσμους και καλύπτρες στην κεφαλή σηκώνουν το βλέμμα προς τον Εσταυρωμένο. Απέναντί τους και δεξιά, ομάδα νεαρών αγένειων Ρωμαίων με κοντά μαλλιά και αχειρίδωτους χιτώνες στέκουν κάτω από το Σταυρό κοιτάζοντας προς τον Χριστό. Σε πρώτο επίπεδο γράφεται με την πλάτη γυρισμένη προς το θεατή ο νέος με το καλάμι και το σπόγγο και δίπλα του ρωμαίος στρατιώτης γυρισμένος προς το Σταυρό με το δεξιό χέρι του μπροστά στο στήθος σε κίνηση έκπληξης και απορίας.

Στο πρώτο επίπεδο επίσης και δεξιά, δύο γενειοφόροι Εβραίοι μοιάζουν να συνομιλούν πολύ κοντά ο ένας στον άλλο και πίσω τους πλήθος ανδρών, ανάμεσα στους οποίους Εβραίοι με καλύπτρες στην κεφαλή και ρωμαίοι στρατιώτες όλοι τους γυρισμένοι προς το κέντρο. Κάτω, η σκηνή με το διαμερισμό των ιματίων του Χριστού και πάνω, από αριστερά και δεξιά, φθάνουν στον τόπο της Σταύρωσης οι ρωμαίοι στρατιώτες με λάβαρα και λόγχες. Μπροστά αριστερά, έφιππος ρωμαίος αξιωματικός και δεξιά, επίσης έφιππος ο Κεντυρίων με υψωμένο το δεξιό χέρι του προς τον Χριστό.

Η όλη παράσταση σε ανήσυχη ατμόσφαιρα, που προκύπτει από τις ποικίλες στάσεις και χειρονομίες των προσώπων, την έντονα ανήσυχη έκφρασή τους, την πολύμορφη εμφάνισή τους. Η σύνθετη αυτή σκηνή με πλήθος από πραγματιστικά στοιχεία στις φυσιογνωμίες, στην έκφραση, στην εμφάνιση των μορφών, στην κίνησή τους στο χώρο αποδίδει παρ' όλα αυτά μέσα στο υπερβατικό βυζαντινό χρυσό βάθος αρκετά ακόμη προσκολλημένη στην ατμόσφαιρα της βυζαντινής ζωγραφικής.

Πέρα από τα παραπάνω η τεχνοτροπική απόδοση των μορφών, τα ξακρισμένα καθαρά στοιχεία της παράστασης και κυρίως το ήθος του Χριστού παρακολουθούν αρχές και μεθόδους ανάλογες με εκείνες της παλαιολόγειας ζωγραφικής της Περιβλέπτου στο Μυστρά. Ενδιαφέρον γι' αυτή τη σχέση παρουσιάζει η εικονογραφική λεπτομέρεια με τους δύο υπερήλικες, που μοιάζουν να συνομιλούν ο ένας πολύ κοντά στον άλλον και που εντοπίζεται και στη σκηνή της Βαϊοφόρου της Περιβλέπτου (Χατζηδάκης 1956, πίν. 22). Εκεί η σκηνή γράφεται μπροστά από τον όμιλο των Ιουδαίων που υποδέχονται τον Χριστό έξω από την πύλη της Ιερουσαλήμ.

Εδώ πρέπει να σημειωθεί ότι τα παλαιολόγεια αυτά στοιχεία χρησιμοποιούνται βέβαια, στη δυτική τελικά αυτή παράσταση της εικόνας μας, με τα ζωγραφικά μέσα μιας συντηρητικής γοτθικής τέχνης, όπως εκείνη της Βενετίας του 14ου αιώνα με το μεγάλο ζωγράφο της Paolo Veneziano. Είναι γνωστό ότι η Βενετία σύμφωνα με την όλη πολιτιστική συνείδησή της, που διαμορφώθηκε από την πάγια πολιτικοοικονομική στροφή της προς την Ανατολή και ειδικότερα προς το Βυζάντιο, εξακολουθεί και το 14ο αιώνα να γοητεύεται από τη βυζαντινή τέχνη και αργεί να δραστηριοποιήσει τις νέες αρχές της δυτικής πλέον γοτθικής έκφρασης. Είναι γνωστό επίσης ότι με προηγούμενο την έντονη παρουσία των βυζαντινών ψηφιδωτών σε σημαντικά μνημεία της Βενετίας, στην εκτέλεση των οποίων συμμετείχαν τοπικά εργαστήρια (Demus 1984, 1-17), δημιουργείται στις αρχές του 14ου αιώνα σημαντικό βενετσιάνικο εργαστήριο, που εντοπίζεται σε βυζαντινίζουσες φορητές εικόνες και τοιχογραφίες (Lazareff 1931, 1-31) με σαφή επίσης τα πρώτα γοτθικά χαρακτηριστικά.

Στην ίδια παράδοση πρέπει να ενταχθεί και το φαινόμενο Paolo Veneziano στα έργα του οποίου αυτός ο συνδυασμός βρίσκει την καλύτερη ώρα του. Ο μεγάλος βενετός ζωγράφος με εμφανείς τις παλαιολόγειες τώρα επιδράσεις στο έργο του δημιουργεί τις πρώτες παραστάσεις (Le Storie della Vergine στο Museo Civico di Pesaro, Storie del Beato Bembo (1321) στο παρεκκλήσιο του Αγίου Βλασίου του Dignano στην Istria (Pallucchini 1966, πίν. Ι). Οι παλαιολόγειες επιδράσεις δεν υποχωρούν στα μεταγενέστερα έργα του Paolo Veneziano και παρά τη διαμορφωμένη δυτική ατμόσφαιρα της όλης παρουσίας της τέχνης του γίνονται αντίθετα εντονότερες. Από τα πολύτιμα έργα αυτού του σύνθετου και ουσιαστικού συνδυασμού είναι η Κοίμηση της Παναγίας (1333) στο Museo Civico της Vicenza (Pallucchini 1966, πίν. ΙΙΙ). Στον ίδιο ζωγράφο, στην ίδια τάση και στα μέσα του 14ου αιώνα θα εντάξουμε και τη Σταύρωση του Βυζαντινού Μουσείου που παρουσιάζει ομοιότητες με το έργο της Vicenza και περισσότερο προχωρημένα χρονολογικά στοιχεία. Στην Κοίμηση της Παναγίας εντοπίζονται φυσιογνωμικές ομοιότητες με μορφές της εικόνας μας, όπως του Ιωάννη του Θεολόγου και της αριστερής από τις δύο ανδρικές μορφές Ιουδαίων που μοιάζουν να συζητούν κάτω από το Σταυρό.

Φυσιογνωμική ομοιότητα παρουσιάζει παρά το χλωμό πρόσωπό της και η Παναγία της Κοίμησης με την Παναγία κάτω από το Σταυρό της εικόνας του Βυζαντινού Μουσείου. Αναλογίες υπάρχουν και στο μοίρασμα του κόκκινου χρώματος, όπως και κυρίως στον τρόπο που πλάθονται τα σαρκώματα με τις κόκκινες κηλίδες στις παρειές και τα λευκά φώτα στις άκρες των όγκων που αποδίδονται ζωγραφικά. Οι κάποιες διαφορές, που υπαγορεύουν και τη μεταγενέστερη εποχή της Σταύρωσης, είναι η απλοποίηση στην πτυχολογία και στην πρόσμειξη των χρωμάτων στα ρούχα των μορφών της εικόνας μας, σε σχέση με τα περισσότερο σύνθετα σε αποχρώσεις και τόνους των ρούχων της Κοίμησης.

Συμπερασματικά θα λέγαμε ότι η εικόνα του Βυζαντινού Μουσείου αποτελεί έργο του μεγάλου βενετού ζωγράφου του 14ου αιώνα Paolo Veneziano σε μια πιο καθαρή και περισσότερο παλαιολογίζουσα γοτθική απόδοση.

Διαστ. 1,09×0,605 μ.

Τ 246

ΒΙΒΛΙΟΓΡΑΦΙΑ Σωτηρίου 1924β, 80. Σωτηρίου 1931², 84. Sotiriou 1962, 16. Chatzidakis 1970, 68 αριθ. 18, 69 αριθ. 19-22, πίν. σ. 35, 36, πίν. 1-3, σ. 37. Chatzidakis s.a., 24, πίν. 14. Χατζηδάκης χ. χρ., 71, εικ. 3. Taylor 1979, εικ. σ. 73-75.

The Byzantine Museum icon of the Nativity is one of the most precious examples of fifteenth-century Cretan painting, which applied the crystallized principles and methods of the Palaeologan tradition of Constantinople with sobriety and skill. The work follows a Palaeologan model, the closest example being the Nativity in the wall-paintings in the Pantanassa at Mystras. It seems to be linked with this in both the wealth of elements and the more classical expression of late Palaeologan painting, as this was practised in the classicizing milieu of the despot's court in this period.

A host of figures and episodes are ranged around the central subject of the Nativity. The Virgin reclines on a carefully drawn red mattress, on a clear ledge of rock outside the cave and in front of a landscape of high rocky mountains. Beside her, in a stone cist-shaped manger, the newborn Christ in swaddling bands is warmed by the breath of the animals. Joseph, enveloped tightly in his himation, sits at the foot of the rock, very close to the Virgin, evidently listening attentively to the two shepherds standing before him and leaning on the crook, who announce the Nativity. Behind and left of him, the midwife and Salome prepare the holy infant's bath. The representation has an idyllic atmosphere and is with bucolic elements and genre details, such as the lithe roe-deer that bends in the water near the dog at rest, the sheep quenching their thirst at the spring and the little boy with a wreath on his head, unconcernedly playing his flute. Trees with slim trunks and sparse foliage punctuate the landscape or frame individual incidents. The scene culminates on high with a twin-peaked stepped crag in a star-spangled celestial mandorla, with two choirs of angels singing the Gloria. From a segment of heaven at the apex of the mandorla, the star's ray shines down directly on the Child in the manger. From the left, the Magi arrive on horseback, following the angel leading the way.

The slender figures with refined movements, the remarkably lambent and noble countenances — especially of the angels, the fine-grained pigments and well processed colours, the himatia with their multiple folds and disturbed highlights, the well-burnished gold, the circular course of the partial episodes around the central theme; all contribute to the Palaeologan renaissance aura of the work.

Another important feature of the icon is the coat of arms of the dedicator at the centre of the bottom side, the elements of which lead to an important noble family in Crete. This heraldic device, in which the escutcheon comprises a simple triangle with curved sides, is of the earliest shape. In the blue field are two diagonal bands, a transverse red bar from which a bird's head projects, and a trace of red which is all that remains on its effaced lower part. The early triangular coat of arms, in which the bands, the horizontal bar and birds are recognized, seems to belong to the only Cretan family counted among the Venetian nobility, the Kallergis (Παναγιωτάκης 1968, 45ff.). The coat of arms of the Kallergis family is illustrated in the miniature in codex Cl.VII, 22 fol. 135v, in the Biblioteca Marciana, which depicts the burial of Matthaios Kallergis (Παλιούρας 1977, 136, pl. 285).

The identification of the coat of arms in the icon as that of the great Kallergis family means at least that this work was commissioned by an eminent and wealthy citizen of Crete, who may well have been connected with a second element of the representation, namely the miniature monasterial scene interposed on the left, between the rocks and behind the ledge on which the Virgin's mattress lies. A small basilica stands between cedars on a verdant hillslope and the monastic environment is defined by the tiny figures: the abbot, perhaps of the monastery, sitting in front of the katholikon with an open book on his knees, the young novice who runs towards him, the lay cripple who approaches and the two high-ranking monks *(megaloschemoi)* in discussion further off, leaning on their staffs. The inscription ΑΓΙΟΣ ΝΙΚΟΛΑΟΣ (Saint Nicholas) on the lintel of the small basilica, difficult to read without a magnifying glass, reveals the saint to whom the monastery church is dedicated, the identification of which can also help the historical assessment of the icon. As mentioned already, the small basilica of the monastery, which is dedicated to Saint Nicholas, is surrounded by tall trees with bare trunks, identified as cedars. Since it is quite certain from the icon's stylistic traits that it was produced in an early Cretan workshop, the monastery with the cedars should surely be sought in Crete. A now important document (Cattapan 1977, 215), which we believe identifies both our icon and the monastery, refers to an icon of the Nativity painted by Angelos and to a monastery associated with a location known as Kedri on account of the cedars that probably grew there.

According to this document, in 1500 the painter Pavias charged Giorgio da Grado from the kastro (burg) of Kedri to collect an icon of the Nativity — like ours — by master Angelos, from the nun Kalathopoula. This very possibly means that the monastery of Saint Nicholas surrounded by cedars, depicted in the Byzantine Museum icon, may well be associated with Kedri, and that this icon of the Nativity, with its elements of early Cretan painting may perhaps be identified as that by Angelos, which in 1500, when the document was written, still bore the reputation of its painter and was requested officially by Pavias.

Dim. 0,525×0,40 m.

T 2447

BIBLIOGRAPHY Λαζαρίδης 1976, 10. Χρυσουλάκης - Μπάρλας 1982, 80-86, fig. 1-12. Μπαλτογιάννη 1984, 26, pl. 13. Αχειμάστου-Ποταμιάνου 1985, 84-85. Μπαλτογιάννη 1993, 552-553, pl. 202. Μπορμπουδάκης 1993, 22.

Η εικόνα της Γέννησης του Βυζαντινού Μουσείου αποτελεί ένα από τα πιο πολύτιμα δείγματα της κρητικής ζωγραφικής του 15ου αιώνα, που εφαρμόζει αποκρυσταλλωμένες τις αρχές και τις μεθόδους της παλαιολόγειας κωνσταντινουπολίτικης παράδοσης, νηφάλια και επιδέξια. Ακολουθεί παλαιολόγειο πρότυπο με συγγενέστερο παράδειγμα την τοιχογραφημένη Γέννηση στην Παντάνασσα του Μυστρά, με την οποία φαίνεται να συνδέεται τόσο στον πλούτο των στοιχείων της όσο και στην κλασικότερη έκφραση της όψιμης παλαιολόγειας ζωγραφικής, όπως εφαρμόζεται κάτω από την κλασικίζουσα ατμόσφαιρα της αυλής του δεσποτάτου αυτή την εποχή.

Πλήθος μορφών και επεισοδίων κινούνται γύρω από το κεντρικό θέμα της Γέννησης, με την Παναγία ανακλινόμενη σε επιμελημένη κόκκινη στρωμνή, πάνω σε καθαρό πλάτωμα βράχου, έξω από το σπήλαιο και μπροστά από υψηλό και απόκρημνο βράχινο τοπίο. Δίπλα της ο νεογέννητος Χριστός σπαργανωμένος στην πέτρινη κιβωτιόσχημη φάτνη, ζεσταίνεται από τα χνότα των ζώων και ο Ιωσήφ καθισμένος στα ριζά του βράχου και πολύ κοντά της, τυλιγμένος σφιχτά στο ιμάτιό του, μοιάζει να ακούει προσεκτικά τους δύο ποιμένες, που όρθιοι μπροστά του και ακουμπισμένοι στον καλαύρωπα αναγγέλλουν τη Γέννηση και πίσω του και αριστερά, η μαία και η Σαλώμη ετοιμάζουν το λουτρό του βρέφους.

Σε ειδυλλιακή ατμόσφαιρα η όλη παράσταση, με βουκολικά στοιχεία και ρωπογραφικές λεπτομέρειες, όπως η λυγερή δορκάδα που σκύβει στο νερό κοντά στο σκύλο που ησυχάζει, τα πρόβατα των ποιμένων που ξεδιψούν στην πηγή και ο μικρός στεφανωμένος αυλιστής αμέριμνα να παίζει τον αυλό του. Λεπτόκορμα με αραιά φυλλώματα δένδρα, κοσμούν επίσης το τοπίο ή δημιουργούν διάχωρα για τις επιμέρους σκηνές. Η σκηνή κορυφώνεται ψηλά με δικόρυφο βαθμιδωτό βράχο μέσα σε έναστρη ουράνια δόξα, με πλήθη αγγέλων σε δύο ομίλους που δοξολογούν. Από άνοιγμα του ουρανού στην κορυφή της δόξας γεννιέται και η ακτίνα του αστεριού που κατευθύνεται προς το παιδί της φάτνης. Από αριστερά φθάνουν οι μάγοι έφιπποι, που παρακολουθούν τον άγγελο που τους οδηγεί. Στην παλαιολόγεια αυτή αναγεννησιακή ατμόσφαιρα του έργου συνηγορούν οι ραδινές μορφές με τις εκλεπτυσμένες κινήσεις, τα εξαιρετικά φωτεινά και με εξαιρετική ευγένεια πρόσωπα, ιδιαίτερα των αγγέλων, τα σύνθετα και ψιλόκοκκα, πολύ καλά επεξεργασμένα χρώματα, τα πολύπτυχα ιμάτια με τα ανήσυχα σε σχήματα και διάταξη φωτίσματα, τα καλά στιλβωμένα χρυσώματα, η κυκλική πορεία των επιμέρους επεισοδίων γύρω από το κεντρικό θέμα.

Σημαντικό στοιχείο επίσης της εικόνας αποτελεί το οικόσημο του αφιερωτή στο κέντρο της κάτω πλευράς, τα στοιχεία του οποίου οδηγούν σε σημαντική αρχοντική οικογένεια της Κρήτης. Το σχήμα αυτού του στοιχείου στην εικόνα μας είναι του απλού τριγωνικού με καμπυλωμένες τις πλευρές του σκούδου, που αποτελεί και το παλαιότερο εραλδικό σχήμα. Σε μπλε βάθος φέρει δύο διαγώνιες μπάντες, μία εγκάρσια μπάρα κόκκινη, από την οποία προβάλλει κεφαλή πουλιού, και ένα κόκκινο ίχνος που απόμεινε στο φθαρμένο κάτω τμήμα του. Το τριγωνικό παλαιό οικόσημο, στο οποίο αναγνωρίστηκαν οι μπάντες, η οριζόντια μπάρα και πτηνά, φαίνεται να ανήκει στη μόνη με βενετική ευγένεια κρητική οικογένεια των Καλλέργηδων (Παναγιωτάκης 1968, 45 κ.εξ.). Το οικόσημο της οικογένειας Καλλέργη γράφεται στη μικρογραφία του κώδικα της Μαρκιανής Βιβλιοθήκης Cl.VII, 22 fol. 135v που παριστάνει την ταφή του Ματθαίου Καλλέργη (Παλιούρας 1977, 136, πίν. 285) μέσα σε αναγεννησιακή ατμόσφαιρα και στο στήθος δικέφαλου αετού.

Η ταύτιση του οικοσήμου της εικόνας με τη μεγάλη οικογένεια των Καλλέργηδων σημαίνει τουλάχιστον ότι παραγγέλλεται από σημαντικό και πλούσιο πολίτη της Κρήτης, που δεν αποκλείεται να συνδέεται και με δεύτερο στοιχείο της παράστασης. Πρόκειται για την εμβόλιμη στη σύνθεση μοναστική σκηνή σε κλίμακα μικροσκοπική, που γράφεται αριστερά στην εικόνα ανάμεσα στους βράχους και πίσω από το πλάτωμα της στρωμνής της Παναγίας. Ανάμεσα σε κέδρους και μπροστά από μικρή βασιλική σε πράσινα πρανή, δίνεται όλο το περιβάλλον μιας μονής. Το μοναστικό περιβάλλον ορίζεται από μικρότερες σκηνές με τον ηγούμενο ίσως του μοναστηριού καθισμένο μπροστά από το καθολικό με ανοιχτό στα πόδια του βιβλίο, το νεαρό δόκιμο καλόγηρο που σπεύδει προς αυτόν, το λαϊκό ανάπηρο που πλησιάζει, τους δύο μεγαλόσχημους πιο πέρα μοναχούς να συζητούν ακουμπισμένοι στα ραβδιά τους. Η επιγραφή *ΑΓΙΟC ΝΙΚΟΛΑΟC* στο υπέρθυρο της μικρής βασιλικής που δύσκολα διαβάζεται χωρίς το μεγεθυντικό φακό αποκαλύπτει τον άγιο, στο όνομα του οποίου τιμάται ο ναός του μοναστηριού, η ταύτιση του οποίου μπορεί να βοηθήσει και στην ιστορική έρευνα της εικόνας. Όπως προαναφέρθηκε η μικρή βασιλική του μοναστηριού που τιμάται στο όνομα του Αγίου Νικολάου, περιβάλλεται από ψηλά γυμνόκορμα δένδρα που ταυτίζονται με κέδρους. Με τη βεβαιότητα που προκύπτει από τα τεχνοτροπικά χαρακτη-

ριστικά του έργου ότι ανήκει σε πρώιμο κρητικό εργαστήριο, η μονή με τους κέδρους ανιχνεύτηκε στην Κρήτη. Σημαντικό τώρα έγγραφο (Cattapan 1977, 215), που πιστεύουμε ότι ταυτίζει τη μονή και την εικόνα μας αναφέρεται τόσο σε εικόνα της Γέννησης του ζωγράφου Αγγέλου όσο και σε μονή που σχετίζεται με τοποθεσία, η οποία ονομάζεται Κεδρί λόγω των κέδρων που φύονταν πιθανότατα εκεί.

Σύμφωνα με το πιο πάνω έγγραφο του 1500, ο ζωγράφος Παβίας αναθέτει στον Giorgio da Grado από το κάστρο Κεδρί, να παραλάβει από τη μοναχή Καλαθοπούλα εικόνα του μαΐστρου Αγγέλου που παριστάνει, όπως και η εικόνα μας, τη Γέννηση. Τούτο πιθανότατα σημαίνει ότι η μονή του Αγίου Νικολάου που εντάσσεται στη ζωγραφική της εικόνας μας και περιβάλλεται από κέδρους, μπορεί να έχει σχέση με το Κεδρί και ότι η εικόνα του Βυζαντινού Μουσείου που φέρει στοιχεία της πρώιμης κρητικής ζωγραφικής και παριστάνει τη Γέννηση μπορεί ίσως να ταυτιστεί με την εικόνα της Γέννησης του Αγγέλου, που το 1500 εποχή που γράφεται το έγγραφο φέρει ακόμη τη φήμη του ζωγράφου της και αναζητείται επίσημα από το ζωγράφο Παβία.

Διαστ. 0,525×0,40 μ.

Τ 2447

ΒΙΒΛΙΟΓΡΑΦΙΑ Λαζαρίδης 1976, 10. Χρυσουλάκης - Μπάρλας 1982, 80-86, εικ. 1-12. Μπαλτογιάννη 1984, 26, πίν. 13. Αχειμάστου-Ποταμιάνου 1985, 84-85. Μπαλτογιάννη 1993, 552-553, πίν. 202. Μπορμπουδάκης 1993, 22.

THE HOSPITALITY OF ABRAHAM
15th century

The episode of the Hospitality of Abraham, described in Genesis (18: 1-8), is depicted here with three angels seated on three sides of a square table laid with vessels and viands. It is set between two tall narrow rectangular edicules and beneath the foliage of two trees denoting Mamre's terebinths. Abraham and Sarah project between the angels, left and right, each holding a deep basin in both hands and offering the unseen contents.

A particular iconographic feature of the representation is the enhancement of the middle angel, who is distinguished from the others by specific and significant elements. He holds a sceptre with cruciform finial in his left hand, wears a purple chiton — in contrast to the chiton of the other two which is in dark green to black tones — and turns his head left, without deviating from the central axis of the representation, on which his figure is projected.

Composed with classical symmetry and nobility, the scene is charged with a hieratic character that obviously stems from its significative content. According to the biblical passage, God "appeared to Abraham by the terebinth trees of Mamre", which are denoted here. The patriarch, seated in his tent, beheld the Lord in the form of three men and hastened to treat them with a tender calf, milk and butter, while at the same time ordering Sarah to prepare cakes from fine meal. From the first exegetic texts the episode acquired a prefigurative character and already from the time of Procopius from Gaza was identified with the appearance of the Holy Trinity to Abraham (*PG* 87, 364 BC). From the fourth century onwards the three men in the Hospitality were identified as three angels, as attested by Eusebius (*PG* 22, 384 AB) and later Theodoretus (*PG* 80, 1777 C).

In Byzantine iconography the Hospitality of Abraham is rendered with the same format as in the painting in the Catacombs. It cleaves faithfully to the literary tradition, sometimes showing three men around Abraham's table and later three angels, and is always strongly hieratic and symbolic in character. The legend on the representation in Byzantine times was Η ΑΓΙΑ ΤΡΙΑC (The Holy Trinity), of which the inscription on our icon is the continuation: Η ΕΝ ΤΗ CΚΗΝΗ ΤΟΥ ΑΒΡΑΑΜ ΤΗC ΖΩΑΡΧΙ-ΚΗC ΤΡΙΑΔΟC ΦΑΝΕΡΩCΙC (The appearance of the life-beginning Trinity in the tent of Abraham).

In the Palaeologan era, and particularly during the second half of the fourteenth century, the Hospitality of Abraham was painted frequently, in icons, panagiaria, wall-paintings and illuminated manuscripts. The subject is presented in parallel with related texts, in particular with the apologiae of John VI Cantacuzenos that refer to the Old Testament and use the early exegetic texts as proving Christ's origin from there. The apologia (*PG* 154, 371-692) in the codex Par. gr. 1242 (Belting 1970, 84-88. Djurić 1987, 193, fig. 4) is interesting in this respect, since the miniature of the Hospitality of Abraham, above the figure of John Cantacuzenos, who is portrayed there as emperor and monk (fol. 123v), is associated with its main meaning. The special elements of our icon, which again are interpreted from the early exegetic texts, derive from the same climate of the Old Testament, which lived on in the fifteenth century too. In particular the principal angel is identified with Christ, as Eusebius writes: Οἱ γὰρ τῷ Ἀβραὰμ ἐπιξενωθέντες ἐπὶ Γραφῆς ἀνακείμενοι δύο μὲν ἑκατέρωθεν, μέσος δὲ ὁ κρείττων ὑπερέχων τῇ τιμῇ. Εἴη δ' ἂν ὁ δεδηλωμένος Κύριος αὐτὸς ὁ ἡμέτερος Σωτὴρ ὃν οἱ ἀγνῶτες σέβουσι (The guests of Abraham as laid down in the Scripture, the two one on either side, and in the middle the best and most honoured. He would be the declared Lord himself, our Saviour, whom the unknowing ones revere) (*PG* 22, 384 B). Stylistically the representation is linked with the principles and methods of early Cretan painting, still very close to works of the final Palaeologan period. Individual traits indicative of this relationship with early Cretan works are the sensitive painterly rendering of the countenances, the still composite drawing of the facial features, such as the small lips displaced from the axis of the nose, the deep curvature in the outline of the face and at the level of the eyes, the highly refined and dignified ethos of the figures. The rich drapery of the garments, with the harsh yet disturbed highlights at the edges of the folds that sometimes flow in soft undulations, belong in the same milieu. Above all, the figures' hands, with their long fingers articulated only by light, bear witness to painting practices of the first half of the fifteenth century.

Dim. 0,97×0,72 m.

T 90

CONSERVATION A. Margaritoff and V. Anapliotou.

BIBLIOGRAPHY Σωτηρίου 1924α, 99. Σωτηρίου 1931², 74. Sotiriou 1932, 86. Χατζηδάκης 1961, αριθ. 3. Sotiriou 1962, 30. Μουρίκη 1962-1963, 87-114, fig. 33. Chatzidakis 1970, 70, pl. 3. Χατζηδάκης 1974, 337, fig. 21. Χατζηδάκης s.a., 71, fig. 1. Chatzidakis s.a., 25, pl. 18. Λαζαρίδης 1976, 13. Taylor 1979, 32, fig. p. 32. Chatzidakis 1983, 82, 225, fig. pp. 110-111. Mouriki 1986, 138-140. Mouriki 1987β, 184-185, pl. 54. Mouriki 1988, 220-221, pl. pp. 148-149. Μπορμπουδάκης 1993, 22, pl. 9. Μπαλτογιάννη 1993, 560-562, pl. 209.

Το γνωστό από τη Γένεση (18, 1-8) επεισόδιο της Φιλοξενίας του Αβραάμ αποδίδεται εδώ με τρεις αγγέλους καθισμένους στις τρεις πλευρές τετράγωνης τράπεζας με σκεύη και εδέσματα, ανάμεσα σε δύο στενά και ψηλά ορθογώνια κτίρια και κάτω από τα φυλλώματα δύο δένδρων που υποδηλώνουν τη Δρυ του Μαμβρή. Αριστερά και δεξιά προβάλλουν ανάμεσά τους ο Αβραάμ και η Σάρα που κρατούν και προτείνουν με τα δύο χέρια βαθιές λεκανίδες με αθέατο το περιεχόμενό τους.

Από τα ιδιαίτερα εικονογραφικά χαρακτηριστικά της παράστασης είναι η προβολή του μεσαίου αγγέλου που διακρίνεται από τους άλλους με συγκεκριμένα και σημαίνοντα στοιχεία. Κρατεί στο αριστερό του χέρι σταυροφόρο σκήπτρο και φορεί πορφυρό χιτώνα σε αντίθεση με το χιτώνα των άλλων δύο αγγέλων, που αποδίδεται σε σκούρο έως μαύρο τόνο του πράσινου. Γέρνει το κεφάλι αριστερά χωρίς να αποκλίνει από τον κεντρικό άξονα της παράστασης, πάνω στον οποίο προβάλλεται όλη η μορφή.

Η παράσταση, με κλασική ισορροπία και ευγένεια, φορτίζεται με ιερατικό χαρακτήρα που πηγάζει προφανώς από το ιδιαίτερο εννοιολογικό περιεχόμενό της. Σύμφωνα με το βιβλικό κείμενο ο Θεός *ὤφθη τῷ Ἀβραάμ* στη Δρύ του Μαμβρή, που δηλώνεται και εδώ, όπως ήδη αναφέραμε. Με τη μορφή τριών ανδρών ο Θεός εμφανίστηκε μπροστά στον καθισμένο έξω από τη σκηνή του Αβραάμ, που σπεύδει να τους δεξιωθεί με τρυφερό μοσχάρι, γάλα και βούτυρο, δίνοντας παράλληλα εντολές στη Σάρα να προετοιμάσει τις εγκρυφίες. Από τα πρώτα εξηγητικά κείμενα το επεισόδιο παίρνει προεικονιστικό χαρακτήρα και πολύ σύντομα, ήδη από τον Προκόπιο Γάζης, ταυτίζεται με την εμφάνιση της Αγίας Τριάδας στον Αβραάμ (*PG* 87, 364 BC). Από τον 4ο αιώνα οι τρεις άνδρες της Φιλοξενίας έχουν ταυτιστεί με τρεις αγγέλους, όπως μαρτυρείται στον Ευσέβιο (*PG* 22, 384AB) και αργότερα στον Θεοδώρητο (*PG* 80, 1777C).

Η παράσταση της Φιλοξενίας του Αβραάμ στη βυζαντινή εικονογραφία αποδίδεται ήδη από τη ζωγραφική των κατακομβών με το ίδιο σχήμα παρακολουθώντας πιστά τη γραπτή παράδοση, άλλοτε με τρεις άνδρες γύρω από το τραπέζι του Αβραάμ και αργότερα με τρεις αγγέλους, πάντοτε όμως με ιερατικό και συμβολικό χαρακτήρα. Τη βυζαντινή εποχή η παράσταση επιγράφεται πλέον *Η ΑΓΙΑ ΤΡΙΑC*, συνέχεια της οποίας αποτελεί και η επιγραφή της εικόνας μας *Η ΕΝ ΤΗ CΚΗΝΗ ΤΟΥ ΑΒΡΑΑΜ ΤΗC ΖΩΑΡΧΙΚΗC ΤΡΙΑΔΟC ΦΑΝΕΡΩCΙC*.

Στα παλαιολόγεια χρόνια και ιδιαίτερα στο δεύτερο μισό του 14ου αιώνα η Φιλοξενία αποδίδεται πολύ συχνά, τώρα σε εικόνες, παναγιάρια, τοιχογραφίες, χειρόγραφα. Το θέμα πάει παράλληλα με σχετικά κείμενα και ιδιαίτερα με τις απολογίες του Ιωάννη του ΣΤ΄ του Κατακουζηνού που αναφέρονται στην Παλαιά Διαθήκη και που χρησιμοποιούν τα παλαιά εξηγητικά κείμενα ως αποδεικτικά της καταγωγής του Χριστού από εκεί. Ιδιαίτερο ενδιαφέρον παρουσιάζει η απολογία (*PG* 154, 371-692) στο χειρόγραφο Par. gr. 1242 (Belting 1970, 84-88. Djurić 1987,193, εικ. 4), με το κυριότερο νόημα της οποίας συνδέεται η μικρογραφία της Φιλοξενίας του Αβραάμ πάνω από τον Ιωάννη Κατακουζηνό που εικονίζεται εκεί ως αυτοκράτωρ και μοναχός (fol. 123 v). Από το ίδιο κλίμα της Παλαιάς Διαθήκης που επιβιώνει και στο 15ο αιώνα, προέρχονται και τα ιδιαίτερα χαρακτηριστικά της παράστασής μας που ερμηνεύονται και πάλι από τα παλαιά εξηγητικά κείμενα. Ειδικότερα ο κυρίως προβαλλόμενος μεσαίος άγγελος της εικόνας ταυτίζεται με τον Χριστό από τον Ευσέβιο όπου: *Οἱ γὰρ τῷ Ἀβραὰμ ἐπιξενωθέντες ἐπὶ Γραφῆς ἀνακείμενοι δύο μὲν ἑκάτερθεν, μέσος δὲ ὁ κρείττων ὑπερέχων τῇ τιμῇ. Εἴη δ᾽ ἂν ὁ δεδηλωμένος Κύριος αὐτὸς ὁ ἡμέτερος Σωτὴρ ὃν οἱ ἀγνῶτες σέβουσι* (*PG* 22, 384B).

Τεχνοτροπικά η παράσταση συνδέεται με τις αρχές και τα ζωγραφικά μέσα της πρώιμης κρητικής ζωγραφικής, πολύ κοντά ακόμη στα έργα της τελευταίας παλαιολόγειας περιόδου. Από τα επιμέρους χαρακτηριστικά αυτής της σχέσης με τα πρώιμα έργα της κρητικής ζωγραφικής είναι η ευαίσθητη ζωγραφική απόδοση των προσώπων κυρίως, το σύνθετο ακόμη σχέδιο των φυσιογνωμικών χαρακτηριστικών, όπως τα μικρά χείλη έξω από τον άξονα της μύτης, η βαθιά καμπύλωση στο περίγραμμα του προσώπου και στο ύψος των μα-

τιών, το εξαιρετικά εκλεπτισμένο και ευγενικό ήθος των μορφών. Από την ίδια ατμόσφαιρα και η πλούσια πτυχολογία των ρούχων με τα σκληρά αλλά ανήσυχα φωτίσματα στις άκρες των πτυχώσεων, που κάποτε ρέουν και με μαλακούς κυματισμούς. Κυρίως όμως είναι τα χέρια των μορφών με τα μακριά και διαρθρωμένα μόνο με το φως δάχτυλα που μαρτυρούν πρακτικές ζωγράφου του πρώτου μισού του 15ου αιώνα.

Διαστ. 0,97×0,72 μ.

Τ 90

ΣΥΝΤΗΡΗΣΗ Α. Μαργαριτώφ και Β. Αναπλιώτου.

ΒΙΒΛΙΟΓΡΑΦΙΑ Σωτηρίου 1924α, 99. Σωτηρίου 1931², 74. Sotiriou 1932, 86. Χατζηδάκης 1961, αριθ. 3. Sotiriou 1962, 30. Μουρίκη 1962-1963, 87-114, εικ. 33. Chatzidakis 1970, 70, πίν. 3. Χατζηδάκης 1974, 337, εικ. 21. Χατζηδάκης χ. χρ., 71, εικ. 1. Chatzidakis s.a., 25, πίν. 18. Λαζαρίδης 1976, 13. Taylor 1979, 32, εικ. σ. 32. Chatzidakis 1983, 82, 225, εικ. σ. 110-111. Mouriki 1986, 138-140. Mouriki 1987β, 184-185, πίν. 54. Mouriki 1988, 220-221, πίν. σ. 148-149. Μπορμπουδάκης 1993, 22, πίν. 9. Μπαλτογιάννη 1993, 560-562, πίν. 209.

The saintly hermit is depicted in bust, in frontal pose, clad in a grey-green tunicle, as discerned from the edges of its sleeves, a reddish brown mantle and a dark blue-black cowl. With both hands he holds an unfurled scroll with the majuscule inscription: ΕΙΔΟΝ ΕΓΩ ΤΑC/ ΠΑΓΙΔΑC ΤΟΥ/ ΔΙΑΒΟΛΟΥ/ ΗΠΛ(ΩΜΕΝΑC)... (I saw the devil's traps spread) (Euergetinos, publ. Venice 1783, 377). Preserved top left, on the gold ground, are traces of a Latin inscription: SANCTUS.

The saint's austere figure is rendered here in the manner of early Cretan icon-painting of the fifteenth century. Among the principal characteristics of this seminal and creative art distinguishable here are a vital immediacy in the expression of the eyes, still closely bound to Palaeologan models, and the slightly askance — leftwards — gaze that in no way detracts from Anthony's serious mien. A plasticity of volumes is likewise retained in the modelling of the flesh and the drawing of the features is composite, with various traits observed from nature, such as the different shape of each eye, the outline of the planes at the edges of the cheeks, the shape of the two sections of the forked beard. However, the danger of realism is counteracted by the geometric treatment of the drapery, which imparts a flat, two-dimensional aspect to the image.

The iconography of the representation appears to derive from a Palaeologan model of Saint Anthony standing and frontal. Among the well-known examples displaying affinity with the Byzantine Museum icon are the figure of Saint Anthony in the wall-paintings at Čučer in the former Yugoslavia (Millet - Frolow 1962, pl. 48) and the icon in Corfu (Βοκοτόπουλος 1990, 3, pl. 2).

The iconographic type of the saint in bust, already elaborated in Palaeologan art (at least two unpublished icons in Sinai can be designated Palaeologan), seems to have been established finally by the early Cretan workshops, as its wide application in early Cretan icons attests.

Among the interesting examples for its development are the representation of Saint Anthony in bust on the border of an icon with central theme the Virgin and two venerating angels, in the Benaki Museum (Ξυγγόπουλος 1936, 109, pl. 54), which was attributed, after cleaning, to the circle of the workshop of the accomplished fifteenth-century Cretan painter Andreas Ritzos, and an unpublished icon of the same subject in the Collection of Saint George of the Greeks, in Venice.

The Cretan iconographic type of Saint Anthony in bust also prevailed in subsequent years, and from as early as the first half of the sixteenth century influenced the rendering of the standing and frontal figure of the saint, which continued to be painted in that period.

Already in the ascetic figure of Saint Anthony, as painted by the Cretan Theophanis Strelitzas Bathas in the old katholikon of the Lavra Monastery on Mount Athos, the left hand simply rests on the open scroll he holds. This iconographic detail, distinctive of our icon which is at least half a century earlier, lives on, with some renaissance traits, in the signed icon by the great Cretan painter of the sixteenth century, Michael Damaskenos, which is also in the Byzantine Museum (Μπαλτογιάννη 1993, no. 210).

Dim. 1,05×0,80 m.

T 176

BIBLIOGRAPHY Μπαλτογιάννη 1985, 37. Baltoyanni 1986, 35. Μπαλτογιάννη 1993, 562.

Ο ΑΓΙΟΣ ΑΝΤΩΝΙΟΣ
15ος αι.

Ο ερημίτης άγιος εικονίζεται σε προτομή και μετωπικός. Φορεί γκριζοπράσινο αντερί, όπως διακρίνεται από τις άκρες των χειρίδων του, καφεκόκκινο μανδύα και βαθυγάλανο έως μαύρο κουκούλιο. Κρατεί και με τα δύο χέρια ανοικτό ειλητάριο με την κεφαλαιογράμματη επιγραφή: *ΕΙΔΟΝ ΕΓΩ ΤΑΣ/ ΠΑΓΙΔΑΣ ΤΟΥ/ ΔΙΑΒΟΛΟΥ/ ΗΠΛ(ΩΜΕΝΑΣ)*... (Ευεργετινός, έκδ. Βενετίας 1783, 377). Πάνω αριστερά και στο χρυσό βάθος σώζονται ίχνη από λατινική επιγραφή: *SANCTUS*.

Η αυστηρή μορφή του Αντωνίου αποδίδεται εδώ με τα μέσα της πρώιμης κρητικής ζωγραφικής των εικόνων του 15ου αιώνα. Από τα κύρια χαρακτηριστικά αυτής της δημιουργικής και σημαντικής τέχνης διακρίνεται και εδώ η άμεση και ζωντανή έκφραση των ματιών, πολύ κοντά ακόμη στα παλαιολόγεια πρότυπα, καθώς η ματιά του αγίου στρέφει ελαφρά προς τα αριστερά, χωρίς παράλληλα να επηρεάζει το σοβαρό ήθος της μορφής. Στα σαρκώματα επίσης διατηρείται η πλαστικότητα των όγκων, η σύνθετη σε απόδοση σχεδίαση των χαρακτηριστικών με ποικιλία στοιχείων από την παρατήρηση της φύσης (διαφορετικό μεταξύ τους το σχήμα των ματιών, το περίγραμμα των όγκων στις άκρες των μήλων, το σχήμα των δύο μερών στο διχαλωτό γένι). Ο κίνδυνος της ρεαλιστικής απόδοσης της μορφής περιορίζεται με τη γεωμετρική απόδοση των πτυχώσεων που κάνει επίπεδη και δυσδιάστατη την προτομή του αγίου.

Εικονογραφικά η παράσταση φαίνεται να προέρχεται από παλαιολόγειο πρότυπο με τον Αντώνιο όρθιο και μετωπικό. Από τα γνωστά και συγγενικά με τον εικονογραφικό τύπο της εικόνας του Βυζαντινού Μουσείου παλαιολόγεια παραδείγματα σημειώνονται η τοιχογραφημένη παράσταση του αγίου Αντωνίου στο Čučer της Γιουγκοσλαβίας (Millet - Frolow 1962, πίν. 48), και η εικόνα με το ίδιο θέμα της Κέρκυρας (Βοκοτόπουλος 1990, 3, πίν. 2).

Διαμορφωμένος ο εικονογραφικός τύπος με τον άγιο σε προτομή ήδη από την παλαιολόγεια τέχνη (δύο τουλάχιστον αδημοσίευτες εικόνες του Σινά μπορούν να χαρακτηριστούν παλαιολόγειες) φαίνεται τελικά να καθιερώνεται από τα πρώιμα κρητικά εργαστήρια, όπως αποδεικνύεται από την πλατιά εφαρμογή του σε εικόνες της πρώιμης κρητικής ζωγραφικής.

Από τα ενδιαφέροντα για την εξέλιξη του τύπου παραδείγματα είναι η παράσταση του αγίου Αντωνίου σε προτομή στο γραπτό πλαίσιο εικόνας του Μουσείου Μπενάκη με κεντρικό θέμα την Παναγία και δύο σεβίζοντες αγγέλους (Ξυγγόπουλος 1936, 109, πίν. 54), που μετά τον καθαρισμό της αποδόθηκε στον κύκλο του εργαστηρίου του άξιου κρητικού ζωγράφου του 15ου αιώνα Ανδρέου Ρίτζου και αδημοσίευτη εικόνα με το ίδιο θέμα στη Συλλογή του Αγίου Γεωργίου των Ελλήνων στη Βενετία.

Ο κρητικός, τέλος, εικονογραφικός τύπος του αγίου Αντωνίου σε προτομή επικρατεί και στα επόμενα χρόνια και ήδη από το πρώτο μισό του 16ου αιώνα ασκεί επίδραση και στην απόδοση της όρθιας και μετωπικής μορφής του Αντωνίου που δεν παύει να ζωγραφίζεται αυτή την εποχή.

Ήδη στην ασκητική μορφή του ίδιου αγίου, που ζωγραφίζει ο κρητικός Θεοφάνης Στρελίτζας Μπαθάς στο παλαιό καθολικό της μονής της Λαύρας στο Άγιον Όρος, το αριστερό χέρι είναι απλά ακουμπισμένο στο ανοικτό ειλητάριο που κρατεί. Η εικονογραφική αυτή λεπτομέρεια, που χαρακτηρίζει την κατά μισό τουλάχιστον αιώνα παλαιότερη εικόνα μας, επιβιώνει τώρα με κάποια αναγεννησιακά στοιχεία στην πολύτιμη ενυπόγραφη εικόνα του μεγάλου κρητικού ζωγράφου του 16ου αιώνα Μιχαήλ Δαμασκηνού, η οποία βρίσκεται στο Βυζαντινό Μουσείο επίσης (Μπαλτογιάννη 1993, αριθ. 210).

Διαστ. 1,05×0,80 μ.

Τ 176

ΒΙΒΛΙΟΓΡΑΦΙΑ Μπαλτογιάννη 1985, 37. Baltoyanni 1986, 35. Μπαλτογιάννη 1993, 562.

The Deesis is represented here with Christ enthroned between the Virgin left and Saint John right, both standing and turned towards the centre. Christ is seated on a gilded wooden throne with double cylindrical cushion in bluish green and red, and his feet rest on a wooden footstool also with a red cylindrical cushion. Clad in a lac red sleeved chiton with gold clavus on the shoulder and a greenish blue himation with dense gold striations, he blesses with the right hand and in the left steadies a closed gospel book on his knee.

Resplendent in his triumphal appearance as Pantocrator and Judge at his Second Coming, Christ receives the supplications of the Virgin for the salvation of mankind. She stands upright left, interceding with her left hand and holding a scroll unfurled downwards, in which is the inscription: *Ω ΔΕΣΠΟΤΑ ΠΑΙ ΚΑΙ ΘΕΟΥ ΖΩΝΤΟC ΛΟΓΕ C(Ω)-Μ(ΑΤΙ) ΠΡΟΕΛΘΩΝ ΕΞ ΕΜΟΥ CΠΟΡΑC ΑΝΕΥ ΕΚ ΔΕ ΠΑΤΡΟC ΦΥC ΡΕΥCΕΩC CΩΤΕΡ ΔΙΧΑ ΚΑΙ ΑΥΤΩ CΥΝΩΝ ΟΥΡΑΝΩΝ ΥΨΕΙ ΚΛΙΝΑC CΗC ΚΑΙCΕΩC ΤΑC ΑΜΑΡΤΙΑC ΑΦΕC ΚΑΙ ΜΗΤΡΙΚΑC ΠΛΗΡΩ-CON ΙΚΕΤΗΡΙΑC* (Lord, child and Word of the living God, who in body camest from me without seed and who wast born, Saviour, of a father without ejaculation and who, united with him at the height of heaven, bowed, removed the sins of your own inclination and fulfilled the maternal supplications) (*Ερμηνεία*, 229). On the left, Saint John the Baptist, tall and slender with thin legs, turns towards Christ and intercedes. He also holds an open scroll, in his left hand, with the words: *ΚΑΓΩ CΥΝΑΔΩ ΔΕCΠΟΤΑ ΤΗ ΜΗΤΡΙ CΟΥ ΦΩΝΗ ΦΙΛΙΚΗ ΠΡΟΔΡΟΜΙΚΗ CΟΥ ΛΟΓΕ ΟΥC ΗΓΟΡΑCΑC ΑΙΜΑΤΙ CΩ ΤΙΜΙΩ CΤΑΥΡΩ ΚΡΕΜΑCΘΕΙC ΚΑΙ CΦΑΓΕΙC ΑΝΕΥΘΥΝΩC ΤΟΥΤΟΙC ΚΑΤΑΓΕΙΘΗ ΔΩΡΕΑΝ ΠΑΛΙΝ ΕΥCΠΛΑΧΝΕ CΩΤΕΡ ΕΚ ΦΙΛΑΝΘΡΩΠΟΥ ΤΡΟΠΟΥ* (And I Lord agree with thy mother, the friendly voice of thy Precursor, Word, they whom thou bought with thy blood, for thou wast hung on the holy cross and thou wast slain without being responsible, to them send again as a gift, merciful Saviour, with philanthropical disposition). Iconographically the representation of the Deesis follows a rather uncommon variation of the theme (Παπαδάκη-Oekland 1973-1974, 31-54).

The addition here, in the hand of both figures, of a scroll inscribed with a supplication addressed to Christ for the salvation of mortals at the Last Judgement, gives special emphasis to its eschatological role.

The iconographic type, known from Middle Byzantine times, with the scroll in the hands of the Virgin only or of both figures flanking Christ, who is presented standing (Mouriki 1968, 13-14), enthroned or in bust (Ορλάνδος 1948, 182, fig. 142), frequently appears on portable icons in early Cretan painting. Of the known works in this art we note here the icon kept in the old church at Sarajevo (Djurić 1961, no. 52, pl. LXXII), the icon of the same subject in the Vienna Museum (Kreidl-Papadopoulos, 1970, 95, fig. 420), as well as the important signed icon by Nikolaos Tzafouris in the Antivouniotissa, Corfu.

Stylistically the representation is distinguished by an eclecticism that is significant for its chronological and historical evaluation, combining elements from Byzantine and western tradition, as is often the case in early Cretan icons.

Christ, an austere and monumental figure, follows a known iconographic type preferred by Cretan painting, an important example of which is the icon of Christ Pantocrator in Patmos, signed by the accomplished Cretan painter of the second half of the fifteenth century, Andreas Ritzos (Χατζηδάκης 1977, no. 9, pl. 13). The painter of our icon apparently copied this too.

The Virgin, with fringed maphorion closed high on the neck, is also rendered in the manner of strict Cretan painting, which cleaves faithfully to the Constantinopolitan Byzantine tradition and is repeated in the icons of the Deesis in Sarajevo, Vienna and the Antivouniotissa, as well as in later ones, of the sixteenth and seventeenth centuries. The Byzantine tradition is interrupted here by the figure of Saint John the Baptist, which seems to draw on a western model, in particular the type used by Paolo Veneziano in an embroidered antependium (altar frontal) in Santa Maria Minore at Zara (Gamulin 1974, 205, fig. 151).

The western iconography and rendering of John, with the very gentle features and modelling on his unwrinkled youthful face, the noble and melancholy expression, as well as the slender stature, together with the emerald green of the icon's foreground, the lac red of the Virgin's maphorion and Christ's chiton, all lead to a late fifteenth-century painter capable of working in both the *maniera greca* and the *maniera a la latina*.

Among the group of important late fifteenth-century painters with this dual competency is Nikolaos Tzafouris. He is known mainly from his signed icons, that are included in Italo-Cretan painting and are very close to Late Gothic works in Italy. Characterized by exceptional limpidity of colours, refinement in the facial features and excellent technique, most of them present Italo-Cretan themes (Μπαλτογιάννη 1994, 302). However, Tzafouris's signature has been discovered recently on the icon of the Deesis in the Antivouniotissa Museum (Παπαδοπούλου 1995, 58), which reproduces a known scheme of strict Byzantine tradition, and indeed with means very close to the rendering of Christ and the interceding Virgin in ours. It is thus possible that the Byzantine Museum icon is attributable to this important painter.

Dim. 0,94×0,72 m.

T 305

BIBLIOGRAPHY Σωτηρίου 1931², 90.

Η ΔΕΗΣΗ
Τέλη 15ου-αρχές 16ου αι.

Η παράσταση της Δέησης αποδίδεται εδώ με τον Χριστό ένθρονο ανάμεσα στην Παναγία αριστερά και τον Ιωάννη δεξιά, όρθιους και γυρισμένους προς το κέντρο. Ο Χριστός κάθεται σε ξύλινο χρυσοποίκιλτο θρόνο με διπλό κυλινδρικό μαξιλάρι σε γαλαζοπράσινο και κόκκινο χρώμα και πατεί σε ξύλινο υποπόδιο με κόκκινο κυλινδρικό, επίσης, μαξιλάρι. Φορεί κόκκινο της λάκκας χειριδωτό χιτώνα με χρυσό σήμα στον ώμο και βαθυγάλανο ιμάτιο με πυκνές χρυσοκονδυλιές. Ευλογεί και με το αριστερό κρατεί πάνω στο γονάτο του κλειστό ευαγγέλιο.

Με θριαμβική παρουσία του Παντοκράτορα Κριτή λαμπροφορεί. Στη Δεύτερη αυτή Παρουσία του δέχεται τις παρακλήσεις της Παναγίας για τη σωτηρία των ανθρώπων, η οποία στέκει όρθια αριστερά, δέεται με το αριστερό και κρατεί ανοιχτό προς τα κάτω ειλητάριο στο οποίο διαβάζεται η επιγραφή: *Ω ΔΕΣΠΟΤΑ ΠΑΙ ΚΑΙ ΘΕΟΥ ΖΩΝΤΟΣ ΛΟΓΕ C(Ω)Μ(ΑΤΙ) ΠΡΟΕΛΘΩΝ ΕΞ ΕΜΟΥ ΣΠΟΡΑΣ ΑΝΕΥ ΕΚ ΔΕ ΠΑΤΡΟΣ ΦΥΣ ΡΕΥΣΕΩΣ ΣΩΤΕΡ ΔΙΧΑ ΚΑΙ ΑΥΤΩ ΣΥΝΩΝ ΟΥΡΑΝΩΝ ΥΨΕΙ ΚΛΙΝΑΣ ΣΗΣ ΚΛΙΣΕΩΣ ΤΑΣ ΑΜΑΡΤΙΑΣ ΑΦΕΣ ΚΑΙ ΜΗΤΡΙΚΑΣ ΠΛΗΡΩΣΟΝ ΙΚΕΤΗΡΙΑΣ* (Ερμηνεία, 229). Δεξιά ο Ιωάννης ραδινός και ψηλός με άσαρκα πόδια γέρνει προς τον Χριστό και δέεται. Με το αριστερό χέρι κρατεί ανοιχτό ειλητάριο με την επιγραφή: *ΚΑΓΩ ΣΥΝΑΔΩ ΔΕΣΠΟΤΑ ΤΗ ΜΗΤΡΙ ΣΟΥ ΦΩΝΗ ΦΙΛΙΚΗ ΠΡΟΔΡΟΜΙΚΗ ΣΟΥ ΛΟΓΕ ΟΥΣ ΗΓΟΡΑΣΑΣ ΑΙΜΑΤΙ ΣΩ ΤΙΜΙΩ ΣΤΑΥΡΩ ΚΡΕΜΑΣΘΕΙΣ ΚΑΙ ΣΦΑΓΕΙΣ ΑΝΕΥΘΥΝΩΣ ΤΟΥΤΟΙΣ ΚΑΤΑΓΕΙΘΗ ΔΩΡΕΑΝ ΠΑΛΙΝ ΕΥΣΠΛΑΧΝΕ ΣΩΤΕΡ ΕΚ ΦΙΛΑΝΘΡΩΠΟΥ ΤΡΟΠΟΥ.* Εικονογραφικά η παράσταση παρακολουθεί το θέμα της Δέησης σε μια όχι πολύ κοινή παραλλαγή (Παπαδάκη-Oekland 1973-1974, 31-54).

Στα χέρια της Παναγίας και του Ιωάννη προστίθεται εδώ ειλητάριο με επιγραφή ικεσίας των δύο μορφών που απευθύνεται προς τον Χριστό για τη σωτηρία των βροτών στην τελική κρίση. Με αυτό τον τρόπο τονίζεται ιδιαίτερα ο εσχατολογικός χαρακτήρας της παράστασης.

Ο εικονογραφικός τύπος, γνωστός από τα μεσοβυζαντινά χρόνια και με τα ειλητάρια στα χέρια της Παναγίας μόνο ή και των δύο μορφών που περιβάλλουν τον Χριστό, όρθιο (Mouriki 1968, 13-14), ένθρονο ή και σε προτομή (Ορλάνδος 1948, 182, εικ. 142), ζωγραφίζεται συχνά σε φορητές εικόνες στην πρώιμη κρητική ζωγραφική. Από τα γνωστά παραδείγματα αυτής της τέχνης σημειώνονται εδώ η εικόνα που φυλάσσεται στην παλαιά εκκλησία του Σεράγεβο (Djurić 1961, αριθ. 52, πίν. LXXII), η εικόνα με το ίδιο θέμα στο Μουσείο της Βιέννης (Kreidl-Papadopoulos 1970, 95, εικ. 420), όπως και η σημαντική ενυπόγραφη εικόνα του Νικόλαου Τζαφούρη στην Αντιβουνιώτισσα της Κέρκυρας.

Τεχνοτροπικά η παράσταση χαρακτηρίζεται από σημαίνοντα, για τη χρονολογική και ιστορική ένταξή της, εκλεκτισμό με στοιχεία από τη βυζαντινή και δυτική παράδοση, ο συνδυασμός των οποίων συχνά χαρακτηρίζει τις πρώιμες κρητικές εικόνες. Ο Χριστός, αυστηρή και μνημειακή μορφή, παρακολουθεί γνωστό εικονογραφικό τύπο που προτιμά η κρητική ζωγραφική, με σημαντικό δείγμα την εικόνα του Χριστού Παντοκράτορα της Πάτμου, που υπογράφει ο άξιος κρητικός ζωγράφος του δεύτερου μισού του 15ου αιώνα Ανδρέας Ρίτζος (Χατζηδάκης 1977, αριθ. 9, πίν. 13), τον οποίο φαίνεται να αντιγράφει και ο ζωγράφος της εικόνας μας. Η Παναγία με κλειστό μέχρι ψηλά στο λαιμό κροσσωτό μαφόριο αποδίδεται επίσης με μέσα της αυστηρής κρητικής ζωγραφικής, που παρακολουθεί πιστά την κωνσταντινουπολίτικη βυζαντινή παράδοση και που επαναλαμβάνεται τόσο στις εικόνες της Δέησης του Σεράγεβο, της Βιέννης και της Αντιβουνιώτισσας όσο και σε μεταγενέστερες εικόνες της Δέησης του 16ου και του 17ου αιώνα. Η αυστηρή βυζαντινή παράδοση διακόπτεται εδώ με την απεικόνιση του Ιωάννη του Προδρόμου, που φαίνεται να παρακολουθεί πρότυπο της δυτικής ζωγραφικής και ιδιαίτερα τον τύπο που προτιμά ο

144

Paolo Veneziano στο κεντημένο Antependium της Santa Maria Minore στη Ζάρα (Gamulin 1974, 205, εικ. 151).

Η δυτική εικονογραφία και απόδοση του Ιωάννη της εικόνας μας με τα εξαιρετικά αβρά χαρακτηριστικά και πλασίματα στο νεανικό και αρυτίδωτο πρόσωπο, την ευγενική και μελαγχολική έκφραση, όπως και την τόσο ραδινή παρουσία του, μαζί με το πράσινο σμαραγδί στο έδαφος της εικόνας, το κόκκινο της λάκκας στο μαφόριο της Παναγίας και το χιτώνα του Χριστού, οδηγούν σε ζωγράφο του τέλους του 15ου αιώνα που γνωρίζει να εργάζεται τόσο με τη maniera greca, όσο και με τη maniera a la latina.

Από τους σημαντικούς κρητικούς ζωγράφους του τέλους του 15ου αιώνα που ανήκει στην ομάδα των ζωγράφων με τη διπλή αυτή δεξιότητα είναι και ο Νικόλαος Τζαφούρης. Είναι γνωστός κυρίως από ενυπόγραφα έργα του, που εντάσσονται στην ιταλοκρητική ζωγραφική και πολύ κοντά στα υστερογοτθικά έργα της Ιταλίας. Με εξαιρετική διαφάνεια στα χρώματα, εκλέπτυνση στα χαρακτηριστικά των προσώπων και με εξαιρετική επίσης τεχνική αποδίδει τις ενυπόγραφες εικόνες του, οι περισσότερες από τις οποίες εμφανίζουν και ιταλοκρητικά θέματα (Μπαλτογιάννη 1994, 302). Η πρόσφατη όμως αποκάλυψη της υπογραφής του στην εικόνα της Δέησης στο Μουσείο της Αντιβουνιώτισσας (Παπαδοπούλου 1995, 58), που αποδίδεται σε γνωστό σχήμα της αυστηρής βυζαντινής παράδοσης, πολύ κοντά άλλωστε με τα μέσα που αποδίδονται ο Χριστός της εικόνας μας και η δεόμενη Παναγία, δίνει τη δυνατότητα απόδοσης της εικόνας του Βυζαντινού Μουσείου στο σημαντικό αυτό ζωγράφο.

Διαστ. 0,94×0,72 μ.

Τ 305

ΒΙΒΛΙΟΓΡΑΦΙΑ Σωτηρίου 1931², 90.

SAINT CATHERINE
Early 16th century

The icon of Saint Catherine in the Byzantine Museum, of considerable iconographic and stylistic interest, is characterized by a richness and boldness in execution that point to an important Cretan workshop of the late fifteenth or the early sixteenth century. The saint is portrayed to the thighs and in frontal pose, in an iconography unusual in Cretan painting. In her right hand she holds a large cross that passes diagonally over her right shoulder. Bottom right is part of the large cog-wheel of her martyrdom, on which she rests her left hand. She wears the raiment established in Byzantine times; a red imperial chiton decorated with a gem-studded loros, and a bluish green mantle covering the shoulders and fastened on the chest with a brooch set with pearls and a large rectangular gem at the centre. Her loosened hair falls on the shoulders and there is no coronet on her head. In all probability its absence was compensated for by a silver investment, now lost, traces of which are discernible on the gold ground.

The mantle open on the saint's chest, though not unknown in the Palaeologan iconography of regal figures and saints, as attested by the Palaeologan icon of Saint Irene (Cat. no. 16), and rendered here with a broad gold border band studded with pearls, is unknown in the Postbyzantine iconography of Saint Catherine. It is accompanied by the likewise unknown detail of the loosened hair on the shoulders. These and the head without the princess's crown are all elements that are quite common in western representations of Saint Catherine of Sienna (Μπαλτογιάννη 1985, no. 67, pl. 25) and point to a mingling of two iconographic types: of Saint Catherine of Alexandria and Saint Catherine of Sienna.

The phenomenon is not fortuitous and is linked with the merging also of the cult of Saint Catherine of Alexandria with her namesake of Sienna. In Postbyzantine painting the fusion of the iconographic elements of the two types appears frequently in the representations of Saint Catherine of Alexandria's betrothal to Christ, where she often bears the western stigmata of Saint Catherine of Sienna (Μπαλτογιάννη 1985, op. cit.). The aforementioned features, together with the saint's radiant youthful rosy face, modelled with exceptional delicacy that verges on sfumato technique, the smooth firm neck and the lively gaze point to an accomplished Cretan painter capable of combining the *maniera greca* with elements *a la latina*, to achieve a splendid result that satisfied the demands of a client living in Italy. This last observation is corroborated by information in the Byzantine Museum archive that the icon comes from Messina in Sicily.

Dim. 1,24×0,83 m.

T 195

CONSERVATION N. Nomikos (1997).

BIBLIOGRAPHY Σωτηρίου 1924α, 98-99. Χατζηδάκης 1974, 337, fig. 19.

Η ΑΓ ΑΙΚΑΤ... ΡΙΝΑ

Την ενδιαφέρουσα εικονογραφικά και τεχνοτροπικά εικόνα της αγίας Αικατερίνης του Βυζαντινού Μουσείου χαρακτηρίζουν πλούσια και γενναία ζωγραφικά μέσα, που παραπέμπουν σε σημαντικό κρητικό εργαστήριο του τέλους του 15ου ή των αρχών του 16ου αιώνα. Η αγία, σε όχι κοινή για την κρητική ζωγραφική εικονογραφία, εικονίζεται μέχρι τους μηρούς και μετωπική. Με το δεξιό χέρι της κρατεί μεγάλο σταυρό που περνάει διαγώνια πάνω από το δεξιό ώμο της. Κάτω δεξιά γράφεται τμήμα από το μεγάλο οδοντωτό τροχό του μαρτυρίου της, πάνω στον οποίο ακουμπάει το αριστερό χέρι της. Φορεί τον παγιωμένο από τα βυζαντινά χρόνια κόκκινο αυτοκρατορικό χιτώνα κοσμημένο με διάλιθο λώρο και πρασινογάλανο μανδύα, που καλύπτει τους ώμους και πορπούται μπροστά στο στήθος με τετράφυλλη μαργαριτοκόσμητη πόρπη. Μεγάλος ορθογώνιος πολύτιμος λίθος κοσμεί το κέντρο της πόρπης. Τα μαλλιά πέφτουν λυτά στους ώμους της και στην κεφαλή της δεν φορεί το καθιερωμένο για την εικονογραφία της αγίας πριγκιπικό στέμμα. Την έλλειψη αυτή κάλυπτε πιθανότατα σε αυτό το σημείο ασημένια επένδυση, τώρα χαμένη, ίχνη της οποίας διακρίνονται στο χρυσό βάθος.

Ο ανοιχτός επίσης στο στήθος μανδύας της αγίας παρότι δεν είναι άγνωστος στην παλαιολόγεια εικονογραφία πριγκιπικών μορφών και αγίων, όπως διακρίνεται και στην παλαιολόγεια εικόνα της αγίας Ειρήνης (αριθ. Κατ. 16), αποδίδεται στην εικόνα μας βαθιά γαλαζοπράσινος και κοσμημένος με πλατιά χρυσή και μαργαριτοκόσμητη ταινία. Η απόδοση, άγνωστη και στη μεταβυζαντινή εικονογραφία της αγίας, συνοδεύεται και από την άγνωστη επίσης λεπτομέρεια με τα λυμένα μαλλιά στους ώμους της, χωρίς επιπλέον το γνωστό στέμμα στην κεφαλή της, στοιχεία που συχνά χαρακτηρίζουν τη δυτική παράσταση της αγίας Αικατερίνης της Σιέννας (Μπαλτογιάννη 1985, αριθ. 67, πίν. 25), υποδηλώνει συνδυασμό δύο εικονογραφικών τύπων.

Το φαινόμενο δεν είναι τυχαίο και συνδέεται με το συμφυρμό και της λατρείας της Αλεξανδρινής αγίας Αικατερίνης με την Αικατερίνη της Σιέννας. Στη ζωγραφική των μεταβυζαντινών εικόνων ο συμφυρμός των εικονογραφικών στοιχείων των δύο τύπων εμφανίζεται συχνά στις παραστάσεις της σκηνής του αρραβώνα της αγίας Αικατερίνης της Αλεξανδρινής με τον Χριστό, όπου η Αικατερίνη φέρει συχνά και τα δυτικά στίγματα της Αικατερίνης της Σιέννας (Μπαλτογιάννη 1985, ό.π.).

Τα παραπάνω στοιχεία μαζί με το ολόφωτο νεανικό και ρόδινο πρόσωπό της, πλασμένο με εξαιρετική επεξεργασία που φθάνει στα αποτελέσματα της τεχνικής του sfumato, τον αβρό και στέρεο λαιμό της, τη ζωντανή ματιά της, δηλώνουν άξιο κρητικό ζωγράφο που γνωρίζει να συνδυάζει τη maniera greca με τα στοιχεία της a la latina σε ένα λαμπρό αποτέλεσμα, που φαίνεται να εξυπηρετεί απαιτήσεις παραγγελιοδότη που ζει στην Ιταλία. Στην τελευταία παρατήρηση συνάδει και η πληροφορία του αρχείου του Μουσείου, σύμφωνα με την οποία η εικόνα προέρχεται από τη Μεσσήνη της Σικελίας.

Διαστ. 1,24×0,83 μ.

Τ 195

ΣΥΝΤΗΡΗΣΗ Ν. Νομικός (1997).

ΒΙΒΛΙΟΓΡΑΦΙΑ Σωτηρίου 1924α, 98-99. Χατζηδάκης 1974, 337, εικ. 19.